KB201287

아주 작은
변화의 힘

지은이 대런 하디 Darren Hardy

25년 이상 성공, 자기계발, 동기부여 분야에서 핵심적인 역할을 해 온 CEO 어드바이저, 하이퍼포먼스 코치이자 미국에서 가장 인기 있는 키노트 스피커다. 열여덟 살에 자신의 사업을 시작해 스물네 살에 백만장자가 되고 스물일곱 살에 연간 수익 5000만 달러에 달하는 기업을 설립한 입지전적 인물로, 2007년부터 2015년까지 미국의 대표적인 자기계발 전문지《석세스SUCCESS》의 발행인과 편집장을 역임했다. 동시에 다수의 성공 관련 TV 방송국의 경영진으로 활동하며 우리 시대 가장 영향력 있는 사상 리더들이 출연하는 프로그램 1000편 이상을 제작했다. 이때 스티브 잡스, 일론 머스크, 제프 베이조스, 마크 저커버그, 리처드 브랜슨, 하워드 슐츠, 잭 웰치 등 전 세계 가장 성공한 기업가들의 이야기를 조사하고 기록으로 남겼다. 여기서 발견한 전략과 방법에 자신만의 고유한 경험에서 얻은 교훈을 접목해 성공 열망을 가진 전 세계 사람들에게 멘토링을 제공하고 있다. 미국강연가협회National Speakers Association의 '마스터 오브 인플루언스Master of Influence' 상을 수상했으며, 날마다 35만 명 이상의 하이어치버high-achiever들이 참여하는 그의 멘토링 사이트 DarrenDaily.com은 Top 100 자기계발 블로그 중 9위에 올랐다. 이 책《아주 작은 변화의 힘The Compound Effect》은 대런 하디가 발견한 성공 전략의 진수를 총정리한 결정판으로 2010년 미국에서 출간 후 100만 부 이상 판매되며 성공 멘토링 분야에서 독보적인 위치를 차지하고 있다. 다른 저서로《최고의 한 해 보내기Living Your Best Year Ever》《기업가 롤러코스터The Entrepreneur Roller Coaster》가 있다.

아주 작은
변화의 힘

●

하루에 1%만 성장해도
1년 후 37배 다른 내가 된다

대런 하디 지음
유정식 옮김

부·키

옮긴이 유정식

경영 컨설턴트이자 인사 및 전략 전문 컨설팅 회사인 인퓨처컨설팅 대표다. 포항공과대학교(포스텍) 산업경영공학과를 졸업하고 연세대학교에서 경영학 석사 학위를 받았다. 기아자동차, LG CNS를 거쳐 글로벌 컨설팅 회사인 아서앤더슨과 왓슨와이어트에서 전략과 인사 전문 컨설턴트로 경력을 쌓았다. 인퓨처컨설팅을 설립한 이후에는 시나리오 플래닝, HR 전략, 경영 전략, 문제 해결력 등을 주제로 국내 유수 기업과 공공 기관을 대상으로 컨설팅과 교육을 진행하고 있다. 15년간 블로그 '인퓨처컨설팅&유정식'을 운영 중이며 2020년 4월부터는 경영 전문 주간지《주간 유정식》을 발행하고 있다.

지은 책으로《나의 첫 경영어 수업》《착각하는 CEO》《전략가의 시나리오》《빌 게이츠는 왜 과학책을 읽을까》《당신들은 늘 착각 속에 산다》등이 있으며, 옮긴 책으로《편집광만이 살아남는다》《순서 파괴》《최고의 팀은 왜 기본에 충실한가》《하이 아웃풋 매니지먼트》《피터 드러커의 최고의 질문》《에어비앤비 스토리》《디맨드》《창작의 블랙홀을 건너는 크리에이터를 위한 안내서》등이 있다.

아주 작은 변화의 힘

개정판 1쇄 발행 2025년 3월 25일

지은이 대런 하디 | **옮긴이** 유정식 | **발행인** 박윤우 | **편집** 김송은 김유진 박영서 백은영 성한경 장미숙 | **마케팅** 박서연 정미진 정시원 함석영 | **디자인** 박아형 이세연 | **경영지원** 이지영 주진호 | **발행처** 부키(주) | **출판신고** 2012년 9월 27일 | **주소** 서울시 마포구 양화로 125 경남관광빌딩 7층 | **전화** 02-325-0846 | **팩스** 02-325-0841 | **이메일** webmaster@bookie.co.kr

ISBN 979-11-93528-54-9 03190

만든 사람들
편집 성한경 | **표지 디자인** 박아형 | **본문 디자인** 이세연

당신을 아끼고

당신의 더 큰 성공을 바라는 마음으로

이 책을 _____ 에게 드립니다.

_____

드림

이 책에 쏟아진 찬사

"성공하고 싶다면 성공을 해 본 사람에게 조언을 받아야 한다. 그런 의미에서 대런 하디는 성공을 알려 줄 수 있는 최고의 전문가다."

— 벤저민 하디Benjamin Hardy, 《퓨처 셀프》 저자

"이 책은 당신이 경쟁에서 이기고, 도전에 굴하지 않으며, 당당한 삶을 창조하도록 도와줄 것이다!"

— 하브 에커Harv Eker, 《백만장자 시크릿》 저자

"강력하고 실용적이며 세월로 입증된 값진 경험에 바탕을 둔 이 책은, 당신을 둘러싼 기회를 극대화하는 데 당신의 특별한 재능을 활용하는 방법을 보여 준다. 당신이 상상하는 모든 것을 현실로 만들어 주는 보물 상자 같은 책!"

— 브라이언 트레이시Brian Tracy, 《행동하지 않으면 인생은 바뀌지 않는다》 저자

"내가 추천하는 역대 최고의 자기계발서 중 하나. 이 책이 알려 주는 컴파운드 이펙트는 사소해 보이는 아주 작은 행동에서 막대한 보상을 얻는 경이로운 전략이다. 당신은 더 많은 것을 배울 필요가 없다. 당신에게 필요한 것은 당신이 가진 정보를 이 책의 원리에 따라 행동으로 옮기고 실현하는 일뿐이다."

— 제임스 클리어James Clear, 《아주 작은 습관의 힘》 저자

"재포스의 핵심 가치 중 하나는 성장과 학습의 추구이다. 우리 본사 로비의 도서관에는 직원과 방문객에게 도움이 되는 책들을 비치한다. 이 책을 지금 당장 우리 도서관에 비치하고 싶어 견딜 수 없다."

— 토니 셰이Tony Hsieh, 《딜리버링 해피니스》 저자, 재포스 CEO

"특별한 삶을 위한 놀라운 공식! 이 책을 읽어라. 그리고 행동으로 옮겨라."

—잭 캔필드Jack Canfield, 《영혼을 위한 닭고기 수프》 공동 저자

"아인슈타인은 '복리는 세계의 여덟 번째 불가사의'라고 말했다. 당신의 성공에 컴파운드 이펙트를 적용하려면 이 책을 읽고 이해하고 또 이해하라. 그리고 당신의 모든 꿈, 희망, 욕망을 현실화하려면 내 친구 대런 하디의 통찰을 최대한 적용하라!"

—마크 빅터 한센Mark Victor Hansen, 《영혼을 위한 닭고기 수프》 공동 저자

"사람들은 지금의 위치에서 원하던 곳으로 도약할 수 있는 기회를 가끔 만나게 되는데, 이 책이 바로 그런 기회. 지금이야말로 행동할 때이다. 이 책은 당신의 앞길을 비춰 주는 최고의 작품이다."

—로빈 샤르마Robin Sharma, 《변화의 시작 5AM 클럽》 저자

"이 책을 읽으면 성공의 사다리를 한 번에 두 단계씩 올라갈 수 있다. 이 책을 사서 읽어라. 그리고 실천하라."

—제프리 지토머Jeffrey Gitomer, 《세일즈 불변의 원칙》 저자

"컴파운드 이펙트는 인생의 꿈을 달성하기 위한 놀라운 공식이다. 한 걸음 내디딜 때마다 가이드로 삼기 바란다. 이 책을 읽고 공부하라. 물론 가장 중요한 것은 행동에 옮기는 것이다!"

—크리스 와이드너Chris Widener, 《영향력》 저자

"삶은 빠르고 어지럽게 흘러간다. 효과적으로 나아가고 싶다면 이 책을 허투루 읽지 마라. 형광펜을 들고 이 책을 탐독하라."

—토니 제어리Tony Jeary, 코칭 컨설턴트

"성공을 위한 강력하고 종합적인 안내서이다. 이 책은 현재 있는 곳에서 앞으로 가고자 하는 곳으로 이르게 하는 완벽한 전략을 선사한다. 대런 하디란 이름은 성공을 의미한다! 내 조언은 이 책을 읽고 실천하고 성공을 거머쥐라는 것이다."

—제프리 헤이즐렛Jeffrey Hayzlett, 코닥 CMO

"앞으로 남은 삶 동안 성공을 이루는 방법을 찾아 헤맬 것인가, 아니면 이 책에 나오는 검증된 원리와 방법을 따를 것인가? 어느 쪽이 더 현명한 길일까?"

—존 아사라프John Assaraf, 《부의 해답》 저자

"삶의 각 단계에서 얻은 결과들이 당신의 인생을 결정한다. 이 책에서 제시하는 강력한 가이드를 통해 더 나은 선택을 하고 더 나은 습관을 개발하며 더 나은 생각을 발산하라. 성공은 당신의 손에 든 이 책에 달려 있다."

—짐 캐스카트Jim Cathcart, 《당신 안에는 떡갈나무가 자라고 있다》 저자

"인생을 바꾸고 싶은 사람들의 새로운 고전이 될 책. 당신이 삶을 변화시키고 꿈을 실현시킬 진정한 프로그램과 도구를 찾고 있다면, 이 책을 만나라! 나는 이 책을 통해 내 삶을 되돌아보고 다시 힘써야 할 것이 무엇인지 깨달았다! 지금 당장 이 책을 열 권 사서 한 권은 본인이 읽고 나머지 아홉 권은 사랑하는 사람들에게 선물하라. 분명 감사 인사를 받을 것이다."

—데이비드 바크David Bach, 《자동 부자 습관》 저자

◆

이 책을 내 인생 최고의 남자,
아버지 제리 하디Jerry Hardy에게 바친다.
아버지는 자신의 삶을 통해 내게
컴파운드 이펙트의 원리를 가르쳐 주었다.

◆

그리고 나의 멘토 짐 론Jim Rohn에게 이 책을 헌정한다.
그는 사람들에게 진정 중요한 것이 무엇인지
나에게 알려 주었다.

＊
＊

큰 것을 이루고 싶다면
아주 작은 것부터 바꿔야 한다

—

토니 로빈스Tony Robbins
《네 안에 잠든 거인을 깨워라》 저자

당신은 현재의 삶에 만족하고 있는가? 아니면 인생의 전환을 꾀하며 책들을 뒤적이고 있는가? 이 책을 집어 든 걸 보니 적어도 현재의 삶에서 어느 한 가지는 불만스러운 게 틀림없어 보인다. 불만족이란 좋은 것이다. 당신이 해답을 찾고 있으며, 성장할 준비가 돼 있다는 뜻이기 때문이다.

변화와 성장을 어려워하는 사람들이 많다. 하지만 꿈과 목표를 이루기 위해 노력하는 삶이 복잡하거나 스트레스로 가득할 필요는 없다고 본다. 성공은 단순한 것이다. 이 책은 대런 하디가 삶의 훈련 과정에서 활용해 온 원칙에 바탕을 두고 있다. 바로 '자신의 선택이 자신의 운명을 결정한다'는 것이다. 매일의

아주 작은 변화의 힘

사소한 결정이 당신을 원하는 삶으로 이끌 수도, 재앙으로 이끌 수도 있다. 실제로 우리 삶을 구성하는 것은 가장 사소한 선택들이다. 무엇을 먹고 어디서 일할지, 누구와 뭘 하며 시간을 보낼지, 그 모든 선택이 당신의 오늘 하루뿐 아니라 평생을 결정한다.

알다시피 성공이란 각기 다른 5000가지의 일을 한다고 이뤄지는 것이 아니다. 제대로 된 일을 5000번 반복할 때 찾아오는 것이 성공이다. 바로 이 점을 대런은 설파하고 있다. 성공의 핵심 열쇠와 일상의 해법, 장기적 성공을 불러일으키는 방법 말이다.

전환의 시기에 누군가 당신을 도울 사람, 당신이 원하는 삶을 살도록 도울 사람을 고를 때는 그 사람의 말만 들어서는 안 된다. 그 사람이 실천해 온 궤적을 봐야 한다. 물론 말도 중요하지만, 실천이야말로 그 사람에 대한 진실을 밝혀 주기 때문이다. 그래서 나는 대런을 존경한다. 그는 자신의 말대로 실천하며 살아왔다. 그가 이 책에서 나누고 있는 내용들은 그가 자신의 인생에서 실천해 온 바이기도 하다.

대런과 나는 어린 나이에 각자의 삶을 스스로 통제하기로 마음먹었다. 우리는 우리가 원하는 삶을 사는 사람들을 찾아내어 그들로부터 해답을 구하고자 했다. 그런 다음, 배운 결과를 우리의 삶에 적용했다. 따라서 우리 둘 다 짐 론을 멘토로 삼은 것은 너무나 당연한 일이었다. 짐은 지속 가능하고 진정한 성공으로 이끄는 진실과 법칙을 사람들에게 이해시키는 데 탁월한 능력을 갖추고 있었다. 그는 우리에게 성공이 행운이 아니라 과학이라고 가르쳤다. 사람들은 제각기 다르지만, 성공의 법칙은 언제나 효과를 발휘한다. 뿌린 대로 거둔다. 투자하지 않고서는 삶에서 아무것도 얻을 수 없다. 더 사랑받고 싶다면 더 많은 사랑을 베풀어라. 더 크게 성공하고 싶다면 다른 사람들이 더 크게 성취하도록 도와라. 이런 성공의 과학을 연구하고 통달한 다음에야 당신이 바라던 성공을 찾을 수 있다.

대런 하디는 이런 철학의 살아 있는 증거다. 그는 자신이 말한 것을 그대로 실천하는 사람이다. 그가 책을 통해 공유하는 것들은 그의 삶에서 얻은 사실을 기반으로 한다. 대런은 성공에 이르는 단순하지만 심오한 원리를 발견했고, 그 원리를 이용해 24세의 나이에 이미 연간 100만 달러가 넘는 소득을 벌어들였으며, 27세에는 5000만 달러 가치의 기업을 설립했다.

대런의 삶은 성공이라는 주제에 대한 연구소이자 실험실이기도 했다. 그는 자신을 실험 대상으로 삼아 수많은 아이디어, 자료, 도구를 테스트하면서 어떤 전략이 유용한지 어떤 전략이

엉터리인지 규명했다.

25년 넘는 시간 동안 나는 자기계발 분야의 리더인 대런과 함께 수많은 정상급 작가와 연사, 선구적인 사상가와 긴밀한 만남을 가졌다. 그는 수만 명의 기업가를 훈련시켰고, 수많은 대기업에 조언을 제공했으며, 최고의 CEO와 뛰어난 인물을 개인적으로 지도했다. 그 과정에서 대런은 가장 중요하고 실제 효과가 있는 방법들을 골라낼 수 있었다.

TV 프로그램 프로듀서이자 자기계발 전문지《석세스》의 발행인으로서 대런은 자기계발 분야의 선두를 달려 왔다. 성공에 관한 수많은 주제를 놓고 리처드 브랜슨, 콜린 파월, 세리나 윌리엄스 등 정상급 리더들과 이야기를 나누며 최고의 아이디어를 탐색하고 종합했다. 또한 자기계발의 백과사전에 나오는 모든 정보를 섭렵하고, 정리하고, 정제하고, 소화하고, 분석하고, 요약하고, 분류했다. 그 과정에서 잡동사니는 쳐내고 정말로 중요한 핵심 원리에만 집중했다. 당신의 삶에서 측정 가능하고 지속 가능한 결과를 산출하고 즉각 구현할 수 있는 원리 말이다.

이 책은 당신이 그 시스템을 당신의 욕구와 바람대로 소유하고 통제하고 지배하고 형성하는 법을 알려 주는 사용 설명서다. 이 책을 따른다면, 성취하지 못할 것은 없다.

앞에서도 이미 말했지만, 다시 반복하겠다. 이 책은 내 삶의 훈련 과정에서 적용했던 '선택이 운명을 결정한다'는 원리에 기반해 있다. DNA는 바꿀 수 없지만 행동은 바꿀 수 있다. 아주 사소하고 일상적인 선택과 결정은 당신이 꿈꿔 왔던 삶으로도, 혹은 후회만 남길 삶으로도 당신을 이끌 수 있다. 인생의 경로를 결정하는 것은 그토록 사소한 선택들이다. 단 2밀리미터만 빗나가도 삶의 궤적 전체가 바뀐다. 아무리 하찮고 사소한 결정이라 해도 엄청난 오차를 낳을 수 있다.

무엇을 먹고, 어디서 일하며, 누구와 어울리고, 어떻게 시간을 보낼지, 그 모든 선택이 당신의 오늘 하루, 나아가 평생을 좌우한다. 좋은 소식은 당신이 어떻게 하느냐에 따라 그 모양이 바뀐다는 점이다. 단 2밀리미터의 오차가 삶의 경로를 완전히 바꿔 놓을 수 있는 것처럼, 2밀리미터의 조정만으로도 안전하게 원하는 목적지로 나아갈 수 있다. 제대로 된 지도와 가이드, 그리고 계획이 있으면 가능하다.

절대 수동적으로 살지 않기 바란다. 오늘부터 당신의 삶을 되찾고 꿈꾸던 목적지로 당신을 이끌 수 있는 선택을 내려라. 성장하려는 사람이라면 이 책과 같은 도구를 잘 이용해야 한다. 이 책을 가이드 삼아 원하는 삶과 성공을 이뤄라. 다시 말하지만,

　　　　　　　　　　　　　　　아주 작은 변화의 힘

성공은 단순한 것이다. 성공은 운명이 아니라 의지다. 올바른 실천을 계속 반복하다 보면 최고의 삶을 경험할 수 있다.

이 책에는 구체적이고 실질적인 실천 계획이 담겨 있다. 당신의 기대를 일깨우고, 편견을 버리고, 호기심에 불을 붙이고, 진정한 가치를 전달할 것이다. 지금이 시작할 때라고 말해 줄 것이다.

이 책의 조언대로 매일, 꾸준히 실천하라.

뜨겁게 살아라!

WARNING!

차례에서 각 장의 주요 내용을 살펴보면 너무 단순하다는 생각이 들 것이다. 성공 전략은 더 이상 감춰진 비밀이 아니다. 하지만 사람들은 대개 그냥 무시하며 지나쳐 버리고 만다. 당신은 성공의 비밀이 무엇인지 이미 잘 안다고 생각하는가? 그럼 다른 사람들처럼 똑같이 그 비밀이 가리키는 대로 따르라. 단, 모두가 안다고 생각하지만 정작 실행하지는 않는, 이 책에 담긴 여섯 가지 전략을 당신의 삶에 적용한다면 이전과는 전혀 다른 인생과 성공을 맛보게 될 것이다.

25년간 나는 성공이라는 주제에 관해 핵심적인 큐레이터 역할을 담당해 왔다. 그리고 아무리 시간이 흘러도 유효한 간단한 행동 원리로서 컴파운드 이펙트Compound Effect, 즉 복리 효과의 힘에 대적할 만한 것은 없다는 결론을 얻었다.

컴파운드 이펙트. 이것은 당신의 삶에 엄청난 성공을 가져다줄 실질적인 도구다. 당신의 꿈, 욕구, 인생의 목표를 이루기 위한 모든 계획이 바로 지금 손에 쥔 이 책에 담겨 있다.

읽어라. 그리고 당신의 안일한 세계를 뒤흔들어라.

차례

....

당신이 무엇을 배우든,
어떤 전략과 전술을 구사하든,
'성공은 컴파운드 이펙트의 결과'라는
사실만은 변하지 않는다.

성공에 필요한 것은 '더 많은 정보'가 아니라 '행동의 변화'다

이 책은 성공에 대해, 무엇이 진정으로 성공을 가져다주는지에 대해 다루는 책이다. 이제는 누군가가 당신에게 솔직히 말해 줘야 할 때다. 당신은 너무나 오랫동안 속으며 살아왔다. 성공에 있어서 마법의 해결책이나 비법, 즉효약 따위는 없다.

즉, 다음은 모두 거짓말이다.

- 하루에 두 시간만 일하면서 1년에 20만 달러를 번다.
- 크게 힘들이지 않고도 일주일 만에 14킬로그램을 감량한다.
- 얼굴에 한두 번만 발라도 20년은 젊어진다.
- 알약 하나로 성생활이 획기적으로 개선된다.

- "이렇게만 하면 반드시 성공한다!"는 솔깃한 방법으로 지속 가능한 성공을 이뤄 내려 한다.

물론 성공, 명성, 자존감, 좋은 인간관계, 건강과 행복이 멋지게 포장된 제품을 손쉽게 살 수 있다면 얼마나 좋겠는가!

하지만 그런 간단한 방법은 이 세상에 없다.

우리는 39.95달러를 세 번만 내면 노력하지 않아도 부유해지고, 건강해지며, 더 젊어지고 매력적으로 변한다는 식의 선정적 광고에 지속적으로 노출된다. 이런 반복적인 마케팅 메시지들은 '무엇이 진정으로 성공을 가져다주는가'에 대한 우리의 감각을 아예 망가뜨리고 만다. 그래서 우리는 성공을 가져다주는, 단순하지만 심오한 원리를 놓치고 만다…….

하지만 나는 이제 사람들을 본 궤도에서 탈선시키는 저 무분별한 메시지들을 더 이상 좌시하지 않을 생각이다. 당신을 다시 기본으로 되돌려 놓기 위해 이 책을 썼다. 당신이 이런저런 잡동사니를 걷어 내고 정말로 중요한 핵심 원리에 집중하도록 돕고자 한다. 이 책에 담긴 여러 실천법과 효과가 입증된 성공 원리를 당신의 삶에 바로 적용한다면, 측정 가능하고 지속 가능한 결과를 창출할 수 있다. 나는 인생을 이끌어 가는 운영 시스템, '컴파운드 이펙트Compound Effect(복리 효과)'의 힘을 활용하는 방법을 알려 줄 것이다. 이 시스템을 활용하면 당신의 삶을 밑바닥부터 혁신할 수 있다. "마음만 먹으면 무엇이든 이룰 수 있다"는 말을 들어 본 적 있을 것이다. 물론, '방법'을 알아야 가능한 얘기다. 이 책은 시스템에 숙달되도록 돕는 운영 매뉴얼이다. 이 매뉴얼을 따른다면 당신이 이루지 못할 것은 없다.

컴파운드 이펙트가 궁극적인 성공의 유일한 프로세스라는 사실을 내가 어떻게 확신하게 됐을까?

첫째, 그 원리들을 내 삶에 직접 적용해 봤기 때문이다. 많은 저자가 자신의 명성과 행운에 기대어 목소리를 높이는 걸 보면 진절머리가 난다. 나는 내가 실제 겪은 경험을 토대로 당신에게 이야기한다. 나 자신이 곧 '살아 있는 증거'이다. 토니 로빈스가 언급했듯이, 나는 사업으로 이미 상당한 성공을 거뒀다. 당신이 앞으로 이 책에서 읽을 원리에 따라 살았기 때문이다. 그동안 나는 인간의 성공과 성취라는 주제를 집중적으로 파고들었다. 수많은 아이디어, 자료와 철학을 테스트하는 데 수십만 달러의 돈을 썼다. 무엇을 배우든, 어떤 전략과 전술을 택하든, 나는 개인적인 경험을 통해 '성공은 컴파운드 이펙트라는 운영 시스템의 결과'라는 점을 몸소 입증했다.

둘째, 지난 25년간 자기계발 분야의 리더로 활동하며 깨우친 바이기 때문이다. 나는 명망이 높고 선도적인 사상가, 연사, 저자 들과 함께 일했다. 강사이자 컨설턴트로서 수많은 기업가들을 훈련시켰다. 또한 다양한 비즈니스 리더, 기업 임원, 인재들을 멘토링하기도 했다. 그 과정에서 자연스럽게 접하게 된 사례들을 연구하면서 나는 무엇이 유용하고 무엇이 쓸모없는지 확인할 수 있었다.

셋째, 《석세스》의 발행인으로 수없이 많은 원고와 책을 샅샅이 살피며 잡지에 올릴 전문가를 선정해 왔기 때문이다. 매월 나는 성공에 관한 여러 가지 주제에 대해 대여섯 명의 최고 전문가들을 인터뷰하면서 그들이 가진 최고의 아이디어를 파고들었다. 또 매일 자기계발이라는 바다를 이리저리 항해하며 정보를 습득하고 선별했다.

그 결과 이런 생각에 이르게 됐다. 자기계발 분야에서 확고한 관점을 가지게 된다면, 그리고 세계적으로 성공한 사람들이 실천한 최고의 방법과 그들이 얻은 교훈을 학습함으로써 지혜를 얻게 된다면, 놀라울 정도로 명료한 무언가가 떠오를 것이다. 근원적이고 기본적인 진실이 마치 크리스털처럼 빛날 것이다. 그것을 보고 읽고 경험한 나는 자칭 선구자라는 이들이 '최신의 과학적 방법'이라고 떠드는 소리를 바보처럼 앉아서 듣고만 있을 수 없다. 나는 그런 속임수에 절대 넘어가지 않는다. 왜 그런 줄 아는가? 굉장히 많은 길을 돌아다니며 진실이 무엇인지 힘들여 습득했기 때문이다. 나의 멘토이자 위대한 비즈니스 사상가인 짐 론은 이렇게 말했다. "새로운 원리는 없다. 진실은 새롭지 않다. 누구나 알고 있는 것이다. 당신은 '이리 와 봐. 내가 만든 골동품을 보여 줄게'라고 말하는 사람을 수상히 여겨야 한다. 골동품을 만들어 낸다니, 대체 무슨 헛소리인가?"

이 책은 불필요한 소음들을 제거하고 진정으로 중요한 것이 무엇인지 서술한다. 실제로 어떤 작동이 일어나는가? 당신이 바라는 목표를 이루게 하고 의미 있는 삶을 살도록 해 주는 운영 시스템, 그것을 구성하는 기본은 무엇일까? 우리는 이 책에서 성공을 위한 여섯 가지 핵심 원리에 대해 알아볼 것이다. 그리고 그 여섯 가지가 컴파운드 이펙트라는 운영 시스템의 구성 요소이다.

구체적으로 살펴보기 전에 경고해 둘 것이 있다. 성공을 이루어 내기란 어려운 일이다. 그 과정은 힘들고 지루하며 재미라고는 조금도 없다. 당신의 분야에서 부유하고 영향력 있는 '월드 클래스'가 되기까지의 과정은 느리고 몹시 고되다. 그렇다고 실망하지 마라. 앞으로 제시할 여섯 단계를 적용하면 반드시 결실을 맺게 될 테니까. 실천하고 훈련하고 헌신하기를 꺼린다면 당신은 다시 TV를 켜게 될 것이고 '하룻밤만의 성공'을 약속하는 광고에 헛된 희망을 걸게 될 것이다. 지갑에서 신용카드를 꺼내들면서 말이다.

내가 하고자 하는 말은 결국 이것이다. 당신은 성공에 필요한 모든 것을 '이미' 알고 있다. 더 이상 무언가를 배울 필요는 없다. 필요한 것이 '더 많은 정보'라면, 인터넷을 검색할 줄 아는 사람들이 모두 대저택에 살고 강철 같은 복근을 자랑하며 더없는 행복을 누려야 마땅하지 않은가? 당신에게 필요한 것은 더 이상 새로운 '정보'가 아니다. 실천에 필요한 새로운 '계획'이다. 이제 성공으로 이끄는 새로운 행동과 습관을 창조할 때가 온 것이다. 간단하지 않은가?

이 책에 나오는 도구들은 내가 그간 듣고 보고 공부하고 시도했던 모든 것들 중 최고만을 모은 결과물이다. 매달《석세스》를 통해 소개해 온 내용들을 이 작은 책에 집약해 놓았다. 게다가 단순하기까지 하니, 얼마나 다행인가!

이제 시작해 보자!

1장

인생에
복리 효과를
적용시켜라

이런 표현을 들어 봤을 것이다. "느려도 꾸준하면 경기에서 이긴다." '토끼와 거북이'라는 우화에 나오는 말이다. 그렇다. 내가 바로 거북이다. 충분한 시간이 주어진다면 나는 언제나 누구든지 이길 수 있다. 왜냐고? 내가 최고라서, 혹은 그 누구보다 똑똑하고 빨라서가 아니다. 그간 내가 들인 긍정적인 습관들 덕분이다. 그리고 그 습관들을 '꾸준히' 실천하기 때문이다. 나는 이 세상 누구보다 '꾸준함의 힘'을 신봉한다. 나는 꾸준함이 성공의 핵심 열쇠라는, 살아 있는 증거다. 그러나 꾸준함은 사람들이 알면서도 실천하지 못하는 것들 중 하나다. 사람들은 대부분 어떻게 해야 꾸준히 실천할 수 있는지 알지 못한다. 이런 점에서 나는 아버지에게 감사한다. 아버지는 컴파운드 이펙트의 힘에 불을 붙여 준, 내 인생의 첫 번째 코치였다.

내가 태어난 지 18개월 되던 때 부모님은 이혼했고, 이후 아버지는 홀로 나를 키웠다. 온화하고 자상한 아버지는 아니었다. 전직 대학교 미식축구 코치답게 나를 성취 지향적인 사람이 되도록 훈련시켰다. 아버지 덕에 나는 매일 아침 6시에 칼같이 기상해야 했다. 부드럽게 내 어깨를 두드리며 깨우는 일은 절대 없었다. 알람 소리? 언감생심이었다. 아침마다 내 방 바로 옆 차고에서 들려오는, 콘크리트 바닥 위에 반복적으로 쇠말뚝을 박는 듯한 소리에 잠을 깨야 했으니까. 아버지는 차고 벽에 "고통 없이는 아무것도 얻을 수 없다No Pain, No Gain"라는 문구를 크게 써 놓고 비가 오나 눈이 오나 반바지와 낡은 운동복을 입고 차력사나 쓸 법한 낡은 바벨을 들었다 놨다 하며 운동을 했다. 하루도 빼먹는 법이 없었다. 언제나 마치 시계추처럼 규칙적으로 생활했다.

나는 주부나 정원사보다도 집안일을 더 많이 해야 했다. 학교에서 돌아오면 '할 일 목록'이 언제나 나를 반겼다. 잡초 뽑기, 낙엽 쓸기, 차고 청소, 청소기 돌리기, 설거지 등. 그렇다고 학업을 게을리한다는 건 용납되지 않았다. 공부는 당연한 의무였다.

아버지에게 핑계는 절대 금물이었다. 토하고 피 흘리거나 뼈가 드러나는 상황이 아니라면, 학교 가기 힘들다는 꾀병은 통하지 않았다. '뼈가 드러난다'는 표현은 아버지가 코치로 활동하던 시절에 현실로 등장했다. 선수들은 심각한 부상이 아니라면 경기에서 열외되지 않는다는 걸 잘 알고 있었다. 그런데도 경기를 뛰기 힘들겠다며 찾아온 쿼터백에게 아버지는 평소처럼 "뼈가 드러난 게 아니라면 안 돼"라고 대꾸했다. 그러자 쿼터백이 어깨 보호 패드를 젖혀서, 훤히 드러난 쇄골을 내보이는 게 아닌가! 그는 그제야 경기에서 빠질 수 있었다.

아버지의 핵심 철학은 이러했다. "똑똑하든 아니든 그건 중요하지 않다. 경험, 기술, 혹은 지능 같은 타고난 능력이 부족하다면 각고의 노력을 통해 채워야 한다. 경쟁자가 더 똑똑하거나 재능과 경험이 더 많다면, 서너 배 더 열심히 노력해야 한다. 그러면 경쟁자를 충분히 물리칠 수 있다!" 어떤 과제에 도전하든지, 내가 어떤 단점을 가지고 있든지, 아버지는 각고의 노력을 통해서라면 뭐든 이룰 수 있다고 내게 가르쳤다. 자유투를 못 던지겠다고? 그러면 한 달 동안 매일 1000번씩 자유투를 연습해라. 왼손으로 드리블을 잘할 수 없다고? 그러면 오른손을 등 뒤로 묶고 하루에 세 시간씩 드리블을 연습해라. 수학에 자신이 없다고? 실력이 오를 때까지 여름 내내 책상에 코를 박고 수학 공부를 해라. 알다시피, 핑계는 금물이다! 뭔가를 잘하지 못한다면 더 열심히, 더 스마트하게 노력해라. 그는 자신의 말을 실천하는 사람이었다. 미식축구 코치를 그만둔 아버지는 이후 최고의 세일즈맨이 되었고, 승진을 거듭하다가 결국은 자신의 회사를 설립했다.

하지만 그렇다고 아버지가 내게 이래라 저래라 잔소리를 하는 타입은 아니었다. 그는 늘 개인의 책임을 강조하며 내가 알아서 하기를 바랐다. 숙제를 하라고 매일 밤 훈계를 늘어놓지도 않았다. 나는 그저 숙제를 다 마친 후 아버지에게 결과물을 보여 주면 됐고, 그러면 칭찬을 받았다. 좋은 성적을 받아오면 아버지는 나를 '프링스Prings'라는 아이스크림 가게로 데리고 가서 온갖 재료가 가득 들어 있는 '킹 바나나 스플리츠'를 사 주곤 했다. 단, 성적이 변변치 않으면 꿈도 못 꿀 일이었다. 맛있는 아이스크림을 먹고 싶다면 엉덩이에 땀띠가 나도록 공부해야 했다.

아버지의 훈육은 내게 좋은 지침이 되었다. 그는 내 우상이었고, 나는 그의 자랑스러운 아들이 되고 싶었다. 그를 실망시킬까 봐 두렵기도 했다. 그는 "거절할 줄 아는 사람이 돼라. 남들을 따라 하는 건 어리석은 일이다. 색다르고 비범한 사람이 돼라"고 주문했다. 이는 내가 마약에 손을 대지 않았던 이유이기도 했다. 그는 절대 마약에 관해 이러쿵저러쿵 잔소리를 하지 않았지만,

아주 작은 변화의 힘

나는 세상 모두가 마약을 한다고 해도 그들을 따라 하는 사람이 되고 싶지 않았다.

아버지 덕에 나는 열두 살 무렵부터는 마치 효율적으로 일할 줄 아는 기업 CEO처럼 스스로 일정을 꾸려 나갈 수 있었다. 짜증을 내거나 투덜거릴 때도 있었지만(그때는 나도 어렸으니까!), 동급생들보다 한발 앞서 나가고 있다는 사실을 은근히 즐기곤 했다. 아버지는 책임감 있게 행동하고 헌신하는 데 필요한 규율과 정신력을 키워 줌으로써, 성취하고자 하는 목표에 도달할 수 있도록 나를 도와주었다.

요즘 우리는 누가 그렇게 나를 '과잉 성취자overachiever'가 되도록 훈련시켰는지 농담을 주고받곤 한다. 나는 열여덟 살 때 이미 사업으로 10만 달러 이상을 벌었다. 스무 살 때는 부유층이 사는 동네에 고급주택을 소유했다. 스물네 살이 되자 내 수입은 연간 100만 달러 이상으로 커졌고, 스물일곱 살 때는 연매출 5000만 달러가 넘는 사업체를 소유해 자타공인 자수성가 백만장자 반열에 올랐다. 지금 나는 이미 내 가족이 평생 쓰고도 남을 돈과 자산을 가지고 있다.

"자식을 망치는 방법은 너무나 많지." 아버지는 이렇게 얘기하곤 한다. "하지만 내가 너에게 쓴 방법은 아주 훌륭했어! 네가 이렇게 성공한 걸 보면 말이야." 그럴 때면 나는 억지로라도 힘을 좀 빼고 이따금 해변에 누워 한가로운 시간을 즐길 줄도 알았어야 했다고 볼멘소리도 하지만, 성공의 기술을 가르쳐 준 아버지를 비롯한 여러 멘토에게 새삼 감사하는 마음을 느끼곤 한다.

이 책은 내 성공의 이면에 있는 비밀을 알려 준다. 나는 컴파운드 이펙트를 진정으로 신봉한다. 아버지가 나를 그렇게 키웠기 때문이고, 그 외의 다른 삶은 살아 보지 못했기 때문이다.

그러나 대부분의 사람들은 나처럼 컴파운드 이펙트를 신봉하지 않을 것이다. "내게는 무엇을 어떻게 해야 할지 알려 주는 코치도, 롤 모델도 없었으니 컴파운드 이펙트의 보상을 경험하지 못한 건 당연하지!"라는 그럴싸한 핑계를 대면서 말이다. 이 사회에서 우리는 기만을 당하며 살아간다. 예전에 없던 문제를 일부러 만들어 놓고는, 동시에 그 문제를 즉시 해결할 방법을 팔아먹는 상업적 마케팅의 최면에 빠져 있다. 애석하게도 영화와 소설처럼 꾸며 낸 결과를 믿도록 조종당하고 말았다. 그 결과 꾸준한 노력을 고리타분하게만 여기며, 그 진정한 가치를 무시하게 되었다.

이제부터 그 장애물들의 진실을 하나씩 짚어 보도록 하자.

아주 작은 변화의 힘

컴파운드 이펙트란 무엇인가

컴파운드 이펙트(복리 효과)는 작지만 현명한 일련의 선택들이 엄청난 보상을 낳는 원리를 일컫는다. 이 프로세스에서 가장 흥미로운 점은, 그 결과가 아무리 클지라도 초기에는 각 단계가 별로 대단해 보이지 않는다는 것이다. 건강, 관계, 재산 등 자신에게 중요한 부분을 개선시키기 위해 어떤 전략을 사용하든 간에 초기의 변화는 아주 미세해서 감지조차 어렵다. 즉, 이 작은 변화들이 즉각적으로 뚜렷한 결과를 내지 않기에, 선뜻 대단한 이득이라고 여길 만한 성과는 보이지 않는다.

대부분의 사람들은 컴파운드 이펙트가 발휘되기 전에 제풀에 포기하고 만다. 예를 들어 보자. 달리기를 일주일간 지속하다가 살이 빠지지 않는다는 이유로 8일째에 그만둔다. 6개월 동안 피아노를 연습했지만 〈젓가락 행진곡〉 말고는 다른 곡을 마스터하지 못하겠다는 이유로 포기해 버린다. 몇 년 동안 개인연금을 붓다가 돈이 좀 생겼다는 이유로(그리고 그렇게까지 많이 부을 필요가 없다는 이유로) 중단하거나 해지하곤 한다.

사람들이 깨닫지 못하는 것은, 이처럼 작고 별로 중요해 보이지 않는 변화들이 시간이 지나 꾸준히 쌓이면 엄청난 차이로

귀결된다는 사실이다.

아주 작은 변화 + 꾸준함 + 시간 = 엄청난 차이

구체적인 사례 몇 가지를 들어 보겠다.

1센트의 마법

누군가가 당신에게 "지금 당장 300만 달러를 받겠는가, 아니면 오늘 1센트로 시작해 매일 두 배씩 늘어나는 돈을 31일 후에 받겠는가?"라고 묻는다면, 당신은 어떤 선택을 내리겠는가?

전에 이런 이야기를 들어 본 적이 있다면 아마 당신은 후자를 선택해야 한다는, 후자가 엄청난 부를 가져다준다는 사실을 잘 알고 있을 것이다. 그런데 후자가 결국 훨씬 더 많은 돈을 약속한다는 이 사실을 왜 그리도 믿기 어려울까? 그 이유는 큰 보상을 실제 보기까지 오래 기다려야 하기 때문이다. 좀 더 자세히 살펴보자.

당신은 곧바로 300만 달러를 받기로 했고 친구는 후자를 택했다고 치자. 5일 차에 친구는 16센트를 받지만, 당신에겐 300만 달러가 있다. 10일 차에 이르면 5달러 12센트 대 300만 달러가 된다. 엄청난 차이다. 친구는 자신의 결정에 어떤 감정이 들 것 같은가? 아마도 당신은 여기저기 돈을 써 대며 본인이 내린 선택에 뿌듯해할 것이다.

20일이 지나 이제 11일밖에 남지 않았지만, 친구의 손에는 여전히 고작 5243달러만 들려 있다. 당신에게 양보한 결과로 5000달러를 간신히 넘는 돈을 가졌을 뿐인 이 시점에 친구의 속은 어떨까? 하지만 이제껏 보이지 않았던 컴파운드 이펙트의 마법은, 이때부터 비로소 본모습을 드러내기 시작한다. 29일 차에 친구와 당신이 가진 돈은 각각 약 270만 달러 대 300만 달러로 차이를 좁힌다. 그리고 30일 차가 되면 친구는 드디어 약 530만 달러로 당신을 앞지른다. 이렇게 1개월짜리 '울트라 마라톤'의 최종일에 이르면, 친구는 1073만 7418달러 24센트를 손에 쥐며 300만 달러밖에 없는 당신을 손쉽게 박살 내 버린다!

1센트에서 시작하여 매일 두 배씩 받기로 했던 선택이 31일이 지나면 300만 달러보다 무려 세 배 이상 큰 금액인 1073만 7418달러 24센트로 되돌아오는 것이다! 꾸준함의 힘을 직관적으로 깨달을 수 있는 사례. 1센트에서 시작하여 두 배씩 늘어나는 이 '마법'처럼 인상적인 게 또 있을까? 놀랍게도 이 '힘'은 인생의 모든 영역에 공통적으로 발휘된다.

어디, 다른 예도 살펴볼까?

사소한 차이가 결국 운명을 바꾼다

여기 비슷한 환경에서 자란 세 명의 동네 친구가 있다. 이들의
연수입은 모두 5만 달러 정도다. 그리고 결혼 후에 뱃살이 늘어
조금은 걱정스러워하지만 일반적인 건강 상태와 평균 몸무게를
유지 중이라는 점도 같다.

우선 래리는 평범한 하루하루를 살고 있다. 좀처럼 변화가
없는 생활에 가끔 불만을 느끼지만 행복하다.

다른 친구 스콧은 작고 보잘것없어 보이지만 매우 긍정적
인 변화를 시작하기로 했다. 하루에 10페이지씩 책을 읽고, 출
근길마다 영감을 주는 이야기가 담긴 오디오북을 30분씩 듣기
로 한 것이다. 그는 자신의 인생을 바꿔 나가길 원하지만 그렇다
고 별달리 야단법석을 떨고 싶지는 않다. 최근에 내 팟캐스트를
듣고 자신의 삶에 적용할 수 있는 아이디어 하나를 얻었다. 매일
125kcal씩 덜 섭취하기로 한 것이다. 시리얼을 한 컵 덜 먹고, 탄
산음료 대신 탄산수를 마시고, 샌드위치에 마요네즈 대신 머스

터드 소스를 뿌려 먹는 것만으로도 충분히 실천 가능한 목표다. 또 하루에 2000보가량 더 걷기 시작했다. 대단한 용기나 노력이 없어도 누구나 할 수 있는 일이다. 하지만 스콧은 이런 행동들을 꾸준히 실천하겠다고 단단히 마음을 먹었다. 간단하긴 하지만, 그만큼 간단히 그만둘 가능성도 크다는 걸 알고 있기 때문이다.

우리의 세 번째 친구인 브래드는 좋지 않은 선택을 몇 가지 내리고 만다. 그는 최근에 최신 모델의 대형 TV를 구입해 자기가 좋아하는 프로그램을 실컷 시청하는 중이다. 푸드 채널에서 본 레시피를 따라 하며 요리하길 즐기는데, 치즈가 범벅된 캐서롤과 디저트는 그가 가장 좋아하는 메뉴다. 또 거실에 바를 설치하고는 일주일에 한 번씩 음주 라이프를 실천한다. 광란의 밤까지는 아니다. 브래드는 그저 좀 더 즐기며 살고 싶을 뿐이다.

5개월이 지나도 래리, 스콧, 브래드 사이에 뚜렷한 차이는 드러나지 않는다. 스콧은 계속해서 매일 밤 조금씩 책을 읽고, 출근길에 오디오북을 듣는다. 브래드는 인생을 즐긴다. 래리는 해 오던 대로 그냥 계속 살아간다. 각자 자신만의 행동 패턴이 있지만, 5개월은 각자의 상황에서 변화나 개선이 드러나기에 충분한 시간이 아니다. 세 사람의 체중 변화를 표로 그려 본다고 해도 큰 차이를 발견하긴 힘들 것이다. 겉으로 보기에 세 사람은 사실상 동일하다.

10개월이 경과해도 이들의 삶에서 현저한 변화를 감지하기는 어렵다. 또 18개월 후에도 세 친구의 외모에서 아주 작은 변화조차 나타나지 않는다.

그러나 25개월쯤 지나고 나면, 마침내 뚜렷한 변화가 보이기 시작한다. 27개월째에는 차이가 제법 벌어지며, 31개월째가 되면 그 변화는 깜짝 놀랄 만한 수준에 이른다. 스콧은 날씬해진 반면 브래드는 뚱뚱해졌다. 스콧은 단지 하루에 125kcal를 덜 먹었을 뿐인데, 그걸 31개월간 유지한 결과, 무려 33파운드(약 15kg)가 빠진 것이다!

같은 기간 브래드는 하루에 단지 125kcal를 '더' 섭취했을 뿐이지만, 몸무게가 33.5파운드 늘고 말았다. 이제 그의 체중은 스콧보다 67파운드(약 30kg) 더 나간다! 하지만 체중보다 더 중요한 변화가 있다. 스콧이 독서와 오디오북 듣기에 쓴 약 1000시

31개월=940일

940일×125kcal=117,500kcal

117,500kcal÷3,500kcal(지방 약 1파운드)

=33.5파운드(약 15kg)

　　　　　　　　　　　아주 작은 변화의 힘

간, 즉 새로운 지식 습득을 실천한 시간은 그에게 승진과 연봉 인상이라는 보상으로 되돌아왔다. 무엇보다 그의 결혼 생활은 더욱 윤택해졌다. 브래드는 어떻게 됐냐고? 직장에서 뒤처졌을 뿐 아니라 결혼 생활 역시 위기에 처했다. 래리는 어떨까? 그의 상황은 2년 반 전과 거의 비슷하다. 약간의 후회라는 감정이 더해진 것만 뺀다면 말이다.

컴파운드 이펙트의 경이로운 힘은 이렇게 단순하면서도 강력하다. 자신의 이득을 위해 컴파운드 이펙트를 '적용'한 사람과 자신에게 불리한 쪽으로 컴파운드 이펙트가 나타나도록 '방치'한 사람 간의 차이는 상상하기 어려울 만큼 크다. 흡사 마술처럼, 아니 차라리 기적처럼 보인다!

31개월(혹은 31년)이 지난 다음에는, 컴파운드 이펙트의 긍정적 특성을 활용한 사람은 마치 '벼락 성공'을 이룬 것처럼 보일 것이다. 그러나 그 사람의 엄청난 성공은 아주 작은 변화를 꾸준히 실천한 결과이다.

머핀 하나 더 먹었을 뿐인데

앞에서 든 예시만 해도 충분히 드라마틱해 보인다. 그러나 그보다 더 심오한 뭔가가 존재한다. 바로 한 가지 작은 변화만으로도 엄청난 효과를 일으키는, 예상과 의도를 넘어서는 '물결 효과ripple effect'가 발생할 수 있다는 점이다. 컴파운드 이펙트가 부정적으로 작용할 경우, 인생 전체에 영향을 끼치는 물결 효과가 어떻게 일어나는지 보다 잘 이해하기 위해 고칼로리 음식을 자주 섭취하는 브래드의 나쁜 습관을 좀 더 가까이 들여다보도록 하자.

    브래드는 푸드 채널에서 배운 레시피로 머핀을 만들어 먹곤 한다. 가족들은 그가 만든 머핀을 좋아한다. 이만큼 보람찬 일이 어디 있을까! 그래서 머핀뿐 아니라 다른 디저트들도 더 자주 만들기 시작하게 된다. 그리고 자신의 요리를 너무 즐긴 나머지 적정량보다 더 많이 먹게 된다. 그렇다고 누구나 쉽게 알아차릴 수 있을 정도로 많은 양은 아니다. 하지만 과다한 음식 섭취로 인해 숙면을 취하기가 어려워진다. 피곤이 덜 풀린 상태로 잠에서 깨느라 별것 아닌 일에도 쉽게 짜증을 내게 된다. 이렇게 생긴 수면 부족과 짜증은 브래드의 업무 성과에 영향을 미치기 시작한다. 생산성이 떨어지고 그 때문에 상사로부터 실망스럽다는 피드백을 받는다. 그런 날이면 그는 자신의 일에 불만족을 느끼고, 에너지는 바닥으로 곤두박질친다. 게다가 퇴근길은 어찌나 길고 짜증스러운지! 스트레스를 받으면 누구나 그렇듯 브래드는 좀 더 차려 먹기 쉬운 음식에 손을 뻗고 만다.

전반적인 에너지 고갈로 인해 아내와의 산책을 거절하는 일도 점점 잦아진다. 그로서는 별생각 없이 내뱉는 거절이지만, 함께 보내는 시간을 중요시하는 아내는 자신에 대한 거부로 받아들인다. 아내와 함께하는 활동과 신선한 공기를 마시며 운동하는 시간이 줄어들면서 긍정적 사고와 활기를 불러일으키는 데 도움이 되는 엔도르핀 분비도 줄어들고 만다. 행복감이 떨어지자 브래드는 자신뿐 아니라 타인에게서도 결점만 부각시켜 보기 시작하고, 아내를 향한 칭찬의 말은 점점 자취를 감춘다. 몸이 무기력해짐에 따라 자신감은 추락하고, 자기 자신을 별로 매력적이지 않다고 느끼게 되며, 로맨틱한 감정마저 사라져 버린다.

브래드는 자신의 에너지와 아내를 향한 관심의 고갈이 결혼 생활에 어떻게 나쁜 영향을 끼치는지 알아차리지 못한다. 그저 피곤할 뿐이다. 밤 늦게까지 TV 앞에 앉아 있는 시간은 늘어난다. 힘들지 않을 뿐 아니라 즉각적인 쾌락마저 안겨 주기 때문이다. 점점 멀어지는 남편과의 거리감을 절감한 아내는 불평을 늘어놓기 시작하고, 급기야 애정 결핍을 호소하기에 이른다. 하지만 그래 봤자 아무 소용이 없다는 걸 깨닫자, 그녀는 스스로를 보호하기 위해 자기만의 세상으로 숨는다. 그리고 외로움에 휩

싸인 채 자기 일에 더 많은 에너지를 쏟고, 배우자에게 얻지 못하는 유대감을 충족하고자 친구들과 보내는 시간을 늘린다. 주변 남성들이 추파를 던지는 걸 보면서 그녀는 자신이 누군가로부터 사랑받을 수 있는 존재라는 사실을 새삼 느낀다. 그렇다고 특별히 남편을 배신하는 짓을 하지는 않지만, 브래드 또한 뭔가 이상한 기운을 감지한다. 그는 둘 사이에 생긴 문제의 근본적 원인이 자신의 잘못된 선택과 행동 탓임을 깨닫지 못하고 아내를 추궁하기 시작한다.

내면을 들여다보며 스스로를 정돈하기보다 타인에게 잘못을 전가해 버리는 심리는 엉망진창인 상태에 빠진 사람들에게 흔한 현상이다. 브래드 역시 자신의 내면을 들여다보길 거부한다. 그가 즐겨 시청하는 예능 프로그램이나 범죄 수사물에서는 자기계발이나 인간관계에 대한 조언이 나오지 않기 때문일까? 만약 스콧이 탐독했던 자기계발서를 브래드가 읽었더라면, 부정적 습관을 변화시킬 수 있다는 생각이 떠오르지 않았을까? 애석하게도 그가 매일 행한 작은 선택들은 결국 인생의 모든 영역을 사정없이 파괴하는 거대한 파도를 일으키고 말았다.

반면, 이와는 정반대로, 칼로리 감량과 교양의 습득은 스콧에게 엄청난 긍정적 결과를 가져다주었다. 짐 론의 또 다른 후계

아주 작은 변화의 힘

자인 제프 올슨Jeff Olson은 《슬라이트 엣지The Slight Edge》라는 책에서 이 차이가 '단순한 일상적 규율'을 반복한 결과와 '작은 판단 오류'가 반복된 결과 간의 차이라고 설명한다. 아주 사소한 차이일지라도 충분한 시간 동안 꾸준히 누적된다면, 그로 인한 결과물은 한눈에 알아볼 수 있을 정도로 간격이 벌어져 버린다는 것이다. 더구나 사전에 그 결과를 충분히 예측할 수 있다.

이처럼 컴파운드 이펙트란 예측 가능하고 측정 가능하다. 엄청난 희소식이 아닌가! 아주 작은 단계들을 차례대로 꾸준히 시간을 두고 밟아 나가기만 하면 당신의 삶이 개선될 수 있다니, 다행이지 않은가? 불굴의 의지와 영웅의 기개로 강점 개발에 매진해야 한다는 구호나, 기진맥진한 몸을 이끌고 별로 성공할 것 같지도 않은 도전에 다시 나서라고 재촉하는 선동보다 훨씬 더 수월하게 느껴지지 않는가?

저런 구호와 선동을 떠올리기만 해도 나는 벌써 지치는 느낌부터 든다. 그런데도 사람들은 구호와 선동에 따르려 애쓴다. 엄청난 노력을 자랑스레 과시해야 효과가 있고, 그것이 일종의 의무라는 잘못된 믿음에 휘둘려 온 탓이다.

하지만 다음 그림을 보라. 그리고 무엇이 진실인지 직접 판단하라.

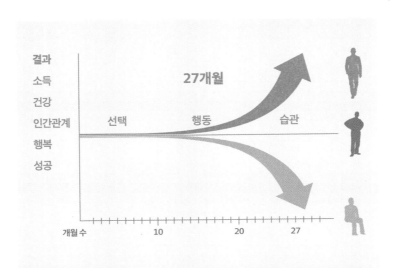

그림 1

컴파운드 이펙트의 미덕은 그 단순함에 있다. 그래프 왼쪽을 보면 차이가 매우 미미하지만, 시간이 지나면서 간격이 엄청나게 벌어진다. 내내 같은 행동을 했더라도 컴파운드 이펙트의 마법이 발휘되면 결과의 차이는 광대해진다.

성공을 유지하지 못하는 사람들의 특징

컴파운드 이펙트에서 가장 힘든 측면은 보상을 얻기 전까지 꾸준히 그리고 효율적으로 힘을 집중해야 한다는 점이다. 내 조부모님은 30일 만에 허벅지를 날씬하게 만드는 법이나 6개월 만에

아주 작은 변화의 힘

부동산 재벌이 되는 법을 알려 주는 정보 프로그램을 시청하느라 매일 밤 TV 앞에 붙어 있지 않았어도 이 점을 잘 이해하고 있었다. 당신의 할아버지, 할머니도 마찬가지였을 것이다. 일주일중 6일 이상을, 해가 떴다가 질 때까지 일했을 것이다. 젊었을 때익혔던 기술을 평생 반복적으로 사용하면서 말이다. 그들은 각고의 노력과 규율, 좋은 습관이 성공의 비결이라는 점을 알고 있었다.

흥미롭게도 부富는 세대를 건너뛰어 나타나는 경향이 있다. 과도한 풍요는 사고방식을 태만하게 만들어 생활을 쉽게 정체 상태로 이끈다. 부자의 자녀들은 특히 나약한 면모를 보인다. 이들이 성장하면서 부를 창출하는 데 필요한 규율과 특성을 부모로부터 배우는 일은 드물다. 그래서 부의 가치에 대해 부모만큼의 감각을 지니지 못하거나 부를 지키는 데 무엇이 필요한지 이해하지 못하는 것 같다. 왕족, 영화배우, 기업 고위 임원의 자녀들에게서 마치 '당연한 권리를 누리는 듯이' 행동하는 모습을 흔히 목격할 수 있지만, 사실 오늘날에는 어른이든 아이든 가릴 것 없이 이런 사고방식을 갖고 사는 사람들이 많다.

어쩌면 온 나라가 '노동관'의 가치를 존중하지 않게 되기라도 한 것인 양 느껴지기도 한다. 지속 가능한 성공을 창조해 내는 데 꼭 필요한 것들, 끈기, 각고의 노력, 불굴의 용기와 같은 개념들을 사람들은 더 이상 매력적으로 바라보지 않고 사실상 거의 잊어버린 채 살고 있다. 앞선 세대들이 겪었던 분투와 개척자 정신에 존경심을 갖는 사람들을 찾아보기 어려워진 것이다.

이러한 무사안일주의는 역사 속에 존재했던 모든 제국에 엄청난 재앙을 안겨 주었다. 이집트, 그리스, 로마, 스페인, 포르투갈, 프랑스, 영국 등 예외는 없었다. 이유가 무엇일까? 성공만큼 큰 실패는 없기 때문이다. 한때 세상을 호령했던 제국들은 바로 세상을 지배했기 때문에 몰락했다. 일정 수준 이상의 성공을 겪으면 지나치게 안주하게 되기 때문이다.

번영, 건강, 부를 누리는 시간이 오래 지속되면 사람들은 무사안일에 빠진다. 현재의 위치에 이르게 해 준 힘을 더는 신경 쓰지 않는다. 마치 끓는 물 속에서도 탈출하기 위해 뛰어오르지 않는 개구리와 같다. 온도가 너무나 완만히 상승하기 때문에, 결국 자신이 익어 버릴 거라는 점을 깨닫지 못하는 것이다!

이제 과거의 노동관으로부터 배워야 할 때다. 나라를 구하기 위해서가 아니라, 당신 자신의 성공과 성취를 위해서 말이다. 램프의 요정에게 아이디어를 구걸하지 마라. 소파에 앉아 돈다발이 떨어지길 기다리거나, 마법 구슬을 문지르거나, 불 위를 건

　　　　　　　　　　　　　　아주 작은 변화의 힘

거나, 2000년을 수도했다는 도사에게 돈을 갖다 바치거나, 소원을 주문처럼 외우는 건 당신 선택이지만, 결국 이런 것들은 죄다 당신의 약점을 파고들어 조종하려는 간교한 상업주의의 결과물이다. 진정으로 지속 가능한 성공을 이루려면 노력하라. 그것도 아주 많이!

나는 '성공만큼 큰 실패는 없다'를 증명하는 실제 사례를 언제든지, 또 얼마든지 당신에게 이야기해 줄 수 있다. 예전에 대형 레스토랑 한 곳이 샌디에이고의 내 집 근처 해안가에 문을 열었다. 개업 초기부터 티끌 하나 없이 항상 청결했고, 점장은 크고 밝은 미소로 모든 손님을 맞았으며, 서비스는 흠잡을 데 없이 완벽했고, 음식은 매우 훌륭했다. 많은 사람이 문 앞에 길게 줄을 서기 시작했고, 자리에 앉으려면 보통 한 시간은 넘게 기다려야 했다.

그러자 유감스럽게도 레스토랑의 종업원들은 성공을 당연시하기 시작했다. 점장은 오만해졌고, 서비스 담당 직원은 옷차림을 단정히 하지 않고 퉁명스럽게 손님을 대했으며, 음식의 질은 그때그때 달랐다. 결국 그곳은 18개월 만에 폐점하고 말았다. 그들은 성공 때문에 실패했다. 아니 더 정확히 말하면, 처음에 자신들을 성공하게 만들어 준 것들을 더 이상 유지하지 않았기 때문에 실패했다. 과거의 성공이 감각을 무디게 만들고 무사안일주의에 빠지게 한 것이다.

성공에 지름길은 존재하지 않는다

컴파운드 이펙트를 올바르게 이해한다면, 결과가 즉각적으로 나와야 한다는 기대를 버리게 될 것이다. 패스트푸드, 한 시간 완성 안경, 즉석 사진, 특급 우편, 전자레인지 요리, 급탕 온수, 문자 메시지처럼 성공 또한 단박에 이뤄져야 한다는 바람을 떨쳐 내는 게 관건이라는 뜻이다.

　　요행을 바라는 기대감을 모두 떨쳐 내겠다고 당신 자신과 약속하라. 사람들은 승자의 의기양양한 모습을 보면서 그 뒤에 수많은 패자가 존재한다는 사실을 직시하지 못한다. 라스베이거스의 슬롯머신 앞이나 샌타애니타Santa Anita의 경마장에서 펄쩍펄쩍 뛰며 환호하는 사람은 보지만, 돈을 잃은 수많은 사람의 한숨과 절망은 느끼지 못한다. 요행을 얻을 확률은 0에 가깝다. 《행복에 걸려 비틀거리다Stumbling on Happiness》의 저자이자 하버드대학교의 심리학자인 대니얼 길버트Daniel Gilbert는 이렇게 주장했다. 매회 복권에 당첨되지 못한 사람들이 TV에 나와 "나 돈

땄어!"가 아니라 "나 돈 잃었어!"라고 말하는 데 30초씩만 배정한다고 해도, 복권 1회당 9년의 시간이 걸릴 거라고 말이다.

컴파운드 이펙트가 작동하는 원리를 이해한다면, 즉효약이나 만병통치약 따위는 갈망하지 않게 될 것이다. 화려한 성공을 거둔 운동선수를 보면서, 그 성공 뒤에는 뼈를 깎는 훈련과 수천 시간의 고된 연습이 있었다는 점을 먼저 떠올리게 될 것이다. 저 사람은 남들보다 일찍 일어나 연습했을 것이며, 다른 선수들이 모두 연습을 끝낸 후에도 멈추지 않았을 테고, 극도의 고통, 실패에 대한 두려움, 외로움, 각고의 노력, 그리고 실망까지 받아들인 끝에 1등이 되었을 거라고.

이 책을 다 읽을 무렵에는(혹은 그 이전에) 당신이 깨닫기 바란다. 성공에 이르는 유일한 경로는 재미없고, 무료하며, 따분하고, 때로는 힘든 일상적인 훈련이 시간을 따라 축적되는 과정이라는 점을. 또한 컴파운드 이펙트가 긍정적으로 작동되도록 만들어야만 당신이 꿈꾸는 결과, 인생, 생활 방식이 당신의 소유가 될 수 있음을. 이 책에서 제시하는 원리들을 따른다면, 동화 같은 해피엔드를 경험할 수 있을 것이다!

내 말의 요점을 이해했는가?

좋다. 다음 장에서는 자신의 삶을 통제하는 한 가지 요인에

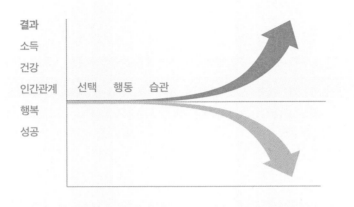

그림 2

컴파운드 이펙트는 작동을 멈추지 않는다. 다만 당신에게 유리하게 작동할지 여부는 당신에게 달렸다. 컴파운드 이펙트를 무시하면 이 강력한 원리의 부정적인 효과를 경험하게 될 수도 있다. 이 그래프에서 당신이 현재 어디에 위치하고 있는지는 중요하지 않다. 오늘부터 시작하라. 단순하고 긍정적인 변화를 일으켜 당신이 원하는 곳으로 컴파운드 이펙트가 당신을 데려가도록 만들라!

대해 살펴볼 것이다. 모든 승리와 패배, 성공과 실패가 그 요인에 의해 좌우된다. 당신이 가진 것과 가지지 못한 것의 원인 또한 그 요인에 속해 있다. 이 요인을 변화시키는 방법을 배우는 것은 곧 당신의 삶을 바꾸는 법을 배우는 것이다. 그 정체에 대해 알아보자.

　　　　　　　　　　　　　아주 작은 변화의 힘

실천 노트

✳

당신이 자주 대는 핑곗거리를 적어 보라(똑똑하지 않아서, 경험이
없어서, 부모가 잘못 키워서, 충분히 교육받지 못해서 등).
**과거의 자신을 포함해 누구와의 경쟁에서든 이기고자 한다면, 각
고의 노력과 자기계발을 통해 부족한 점을 채우겠다고 다짐하라.**

별로 대단치 않아 보이지만 매일 할 수 있는 작은 행동들을 적
어 보라.
**그 일들이 당신의 삶을 완전히 새롭고 긍정적인 방향으로 이끌지
모른다.**

별로 대단치 않아 보이지만 당장 그만둘 수 있는 작은 행동들
을 적어 보라.
그 행동들이 당신의 성과를 갉아 먹고 있을지 모른다.

과거에 가장 성공적이었던 분야, 능력, 성과를 나열해 보라.
**과연 그 성공이 당신에게 당연히 주어진 결과였는지, 앞으로 개선
할 여지는 없을지, 현재에 안주하려는 관성이 미래의 실패를 불러
오지 않을지에 대해 생각해 보라.**

.
.
.
.
.
.
.
.
.

사소한 선택이
인생을 좌우한다

우리는 모두 이 세상에 똑같은 상태로 당도했다. 벌거벗은 채 두려움에 쌓여, 무지한 상태로 말이다. 출생이라는 위대한 시작점을 지난 후에는, 우리가 영위하는 삶은 결국 우리가 내리는 모든 선택이 축적된 결과다. 이 선택은 우리에게 최고의 친구일 수도, 최악의 적일 수도 있다. 어떤 선택을 내리느냐에 따라 목표를 달성할 수도, 멀고 먼 우주를 떠도는 미아가 될 수도 있다.

생각해 보라. 인생의 모든 것은 무언가에 대해 당신이 최초로 행한 선택의 결과로서 존재한다. 선택은 당신이 현재 손에 쥐고 있는 모든 결과의 근원이다. 각각의 선택이 하나의 행동을 촉발하고, 시간이 흐르면 그 행동은 하나의 습관으로 굳어진다. 잘못된 선택일 경우 처음으로 다시 돌아가, 더 생소하고 어려운 선택을 해야 할 수도 있다. 그렇다고 아무것도 선택하지 않는다면, 결국 자신에게 어떤 일이 생기든 수동적으로 받아들이겠노라 선택하는 셈이 된다.

결국, 당신이 내린 선택들이 당신을 만든다. 대학에 갈지 말지, 누구와 결혼할지, 마지막으로 한잔 더 할지 말지, 누군가를 험담할지 아니면 입을 다물지, 전화를 한 번 더 걸어 볼지 말지 등등, 크고 작은 모든 결정이 당신 삶의 궤도를 바꿔 놓는다. 이 모든 선택이 당신 인생의 컴파운드 이펙트에 영향을 미친다는 뜻이다.

이 장에서는 당신의 삶 전체를 지탱해 줄 수 있는 선택이란 무엇이고, 어떻게 그런 선택을 내릴 것인지에 대해 알아볼 예정이다. 언뜻 복잡하게 들릴지 모르지만, 일단 알고 나면 그 원리가 무척 단순하다는 사실에 놀라게 될 것이다. 그리고 더 이상 99퍼센트의 선택을 무의식적으로 내리게 되는 일도 없을 것이다. 자기 자신에게 다음과 같은 질문을 던지게 될 것이다(또한 답할 수도 있을 것이다).

"내가 적극적으로 선택한 결과가 아닌 행동들이 얼마나 많은가? 내가 의식적으로 선택하지 않았음에도 여전히 매일 계속하는 행동에는 어떤 것이 있을까?"

나의 삶과 경력을 끌어올리기 위해 내가 활용했던(또 누구나 쉽게 이해할 수 있는) 전략을 사용하고 거기에 컴파운드 이펙트의 힘까지 더한다면, 당신은 인생을 잘못된 방향으로 이끄는 손아귀로부터 탈출할 수 있다. 바보들의 나라로 빨려 들어가기 전에 '멈춤' 버튼을 누를 수 있다. 또 당신에게 늘 도움이 되는 행동과 습관이 형성되도록 만드는 결정을 내린다는 것이 얼마나 쉬운지 경험하게 된다.

당신이 당면한 가장 커다란 문제는 당신이 의도적으로 나쁜 선택을 내려 왔다는 게 아니라는 것이다. 그게 문제라면 고치기가 쉽다. 오히려 제대로 생각하지 않고 이리저리 휩쓸리며 그런 선택을 해 왔다는 점이 가장 큰 문제다. 대개는 자신이 그런 선택을 내리고 있는지조차 깨닫지 못했을 것이다!

선택은 주로 자신이 처한 문화와 성장 환경에 의해 좌우된다. 선택이 특정한 행동 루틴과 습관으로 굳어지면 통제하기 어려운 지경에 이르고 만다. 예를 들어 보자. 뚜렷한 이유는 모르지만, 한창 사업에 매진하거나 삶을 즐기고 있는 와중에 한 번의 바보 같은 선택 혹은 여러 번의 작은 선택들로 인해 그간의 노력이 죄다 물거품이 된 적이 있지 않은가? 자신을 고의로 방해하려던 것은 아니었겠지만, 결국은 자신이 내리는 결정에 대해 충분히 숙고하지 않았기에, 리스크와 잠재적 결과를 감안하지 않았기 때문에 의도치 않은 결과에 직면하게 된 것이다. 누구도 일부러 비만이 되거나 파산에 내몰리거나 이혼할 처지에 놓이려 하지는 않는다. 이런 상황들은 사소하지만 형편없는 선택들의 결과로 나타날 뿐이다.

우리의 삶을 망치는 것은 사소한 선택들이다

코끼리에게 물려 본 적 있는가?

아마 없을 것이다. 하지만 누구나 모기에게는 물려 봤을 것이다. 당신의 삶을 깨무는 것은 대개 '작은 것들'이다. 가끔은 한 번의 엄청난 실수로 인해 훌륭한 경력이나 평판이 하루아침에 무너지는 경우를 목격하게 된다.

유명 코미디언이 스탠드업 코미디를 하다가 무심코 인종차별적 망언을 흘리거나, 저명한 인도주의자가 술에 취해 반유대주의적 발언을 하거나, 존경받던 테니스 선수가 욕설을 퍼부으며 심판을 위협하는 경우가 그렇다. 분명 이런 유형의 잘못된 선택은 심각한 파장을 일으킨다. 하지만 과거에 당신이 아무리

아주 작은 변화의 힘

엄청난 잘못을 저질렀다고 해도, 그건 여기서 우리가 우려해야 할 만큼 대단한 퇴보나 비극이라고는 할 수 없다.

우리 대부분이 진짜로 관심을 가져야 할 대상은 사소하게 보이지만 자주 이뤄지는 작은 선택들, 즉 당신이 전혀 중요하지 않다고 여기는 그런 결정들이다. 그 작은 것들이 당신의 선택을 망친다. 이 점은 필연이며 예측 가능하다. 멍청한 술책이든, 하찮은 행동이든, 긍정적 선택을 가장한 사악한 어떤 것이든, 그 사소해 보이는 결정들이 당신을 정상 궤도 밖으로 완전히 날려버릴 수 있다. 바로 당신이 별로 신경 쓰지 않았기 때문이다. 너무 힘이 들어서, 혹은 정신이 없어서, 당신은 이 작은 행동들을 못 본 채 지나쳤다. 이미 얘기했던 대로, 컴파운드 이펙트는 늘 작동한다. 하지만 이 경우에는 당신에게 불리한 쪽으로 작동한다. 바로 당신이 넋을 놓은 채 휩쓸리고 있기 때문이다.

예를 들어, 자기도 모르게 탄산음료를 마시고 감자칩 한 봉지를 먹고 난 후라면, 정신을 차리게 되더라도 이미 건강한 음식을 섭취할 기회는 사라져 버린 후다. 중요한 고객에게 전달할 프레젠테이션을 준비해야 할 시간에 아무 생각 없이 두 시간 동안 TV를 보고 있다든가, 진실이 이미 밝혀지고 있는 그 순간에도 연인에게 반사적으로 거짓말을 내뱉는다면, 이런 것들이 모두

넋을 놓고 내리는 선택들이다.

당신은 지금껏 스스로에게 별다른 생각 없이 선택할 수 있도록 허락해 왔다. 하지만 그런 식으로 무의식적인 선택을 계속하는 한, 비효율적인 행동을 생산적인 습관으로 변화시키는 결정을 의식적으로 내리기란 불가능해진다. 이제는 정신을 차리고 의식적인 선택을 내려야 할 때가 됐다.

비난 대신 감사를 선택했을 때 생기는 일

의식적인 선택의 예를 하나 들어 보겠다. 타인을 비난하는 것은 쉬운 일이다. 그렇지 않은가?

"내가 잘나가지 못하는 이유는 상사가 변변치 못하기 때문이야."

"뒤통수 치는 동료만 없었더라도 진작 승진했을 텐데."

"아이들이 나를 힘들게 만드는 통에 나는 늘 기분이 좋지 않아."

특히 남녀 관계에서 사람들은 상대를 비난하는 일에 능하다. 바뀌어야 하는 쪽은 내가 아니라 상대방이라고 말이다.

몇 년 전 친구가 내게 자기 아내에 대한 불평을 쏟아 냈다. 내가 보기에 그녀는 매력적인 여자였고 친구는 행운아였다. 그렇게 얘기해 줬지만 그 친구는 자신이 불행한 이유가 온통 아내 탓이라면서 시종일관 비난하기에 바빴다. 그래서 나는 그에게 내 결혼 생활을 바꿔 놓은 경험을 들려줬다.

어느 날, 나는 아내를 위한 '감사 일기'를 쓰기로 결심했다. 그리고 이후 1년 동안 매일, 그녀에게 감사하고픈 일들을 적어도 한 가지 이상 기록했다. 그녀가 친구와 어떻게 교감하는지, 우리 개를 얼마나 잘 돌보는지, 침대를 얼마나 산뜻하게 정리하는지, 식탁을 얼마나 재빨리 준비하는지, 심지어 그날의 헤어스타일이 얼마나 아름다운지 등을 세세히 적었다. 나는 아내의 행동 중에서 나를 감동시킨 것들, 내가 감사하고픈 그녀의 특성이나 성격, 자질이 무엇인지 관찰하여 1년 내내 비밀스럽게 기록했고, 그렇게 1년이 지나자 일기 한 권이 완성됐다.

그렇게 1년치 감사 일기를 그녀에게 건네자, 아내는 감동의 눈물을 흘리며 지금껏 받아 본 선물 중 최고라고 말했다. 그녀의 생일 선물로 BMW를 사준 적이 있는데도 말이다! 하지만 우습게도 그 선물로 정말 큰 감동을 받은 사람은 바로 나였다. 감사 일기를 쓰는 동안 나는 아내의 긍정적인 측면에 집중했다. 나는 의식적으로 그녀가 '올바르게' 행동하는 것을 모두 찾아내려 했다. 그러자 불평할 일도 자연히 사라졌다. 나는 새삼 그녀를 깊이 사랑한다는 것을 느꼈다(아마도 겉으로 드러나지 않았던 아내의 내적 아름다움을 발견했기 때문이리라). 그녀 안의 최고의 모습을 의도적으로 찾으려는 노력 덕택에 나는 매일 아내에게 감사하는 마음을 갖게 됐다. 결혼 생활을 대하는 자세 또한 예전과는 달라졌고, 그에 따라 아내 역시 나를 대하는 태도가 달라졌다. 결국엔 감사 일기에 적을 것들이 더욱 많아진 것이다! 그저 매일 5분의 시간을 내어 그녀에게 감사해야 하는 이유를 기록하기로 한 결정 덕분에, 아내와 나는 최고의 결혼 생활을 경험했고, 지금도 점점 좋아지고 있는 중이다.

내 이야기를 듣고 난 친구는 자기 아내를 위한 감사 일기를 쓰기로 결심했다. 그리고 몇 개월 만에 그의 결혼 생활은 크게 호전됐다. 아내의 긍정적인 면을 집중적으로 찾아보겠다는 선택이 아내를 바라보는 관점을 변화시켰고 그가 아내와 교감하는 방식을 바꿔 놓았다. 그러자 친구의 아내 역시 그를 다른 방식으로 대하기 시작했고, 이런 선순환은 그 후에도 계속됐다. 우리의 용어로 말하자면, 컴파운드 이펙트가 발휘됐던 것이다.

모든 책임은 나에게 있다

'자수성가'라는 말은 엄밀히 따지면 우리 모두에게 해당되지만, 실제 그런 소리를 들을 수 있는 건 오직 성공한 사람들뿐이다. 열여덟 살 때 나는 어느 세미나에서 '개인적 책임'이라는 개념을 알게 되었다. 그리고 이 개념은 이후 내 인생을 송두리째 변모시켰다. 이 책을 끝까지 다 읽고 이 개념을 꾸준히 마음속에 익힌다면, 당신의 삶에도 몇 년 내에 엄청난 변화가 일어날 것이다.

열여덟 살 때 참석했던 그 세미나에서 연사는 물었다.

"상대방과 관계를 형성하고 유지하는 데 당신은 몇 퍼센트나 책임이 있을까요?"

10대 청소년의 치기가 대개 그렇듯이, 나는 진정한 사랑의 정체뿐 아니라 세상 모든 것에 대해 이미 누구보다 잘 안다고 생각했다.

"50 대 50이요!" 나는 당당하게 답했다. 당연하지 않은가? 두 사람 모두 기꺼이 책임을 똑같이 분담해야지, 그렇지 않으면 둘 중 하나가 사기를 당하는 것이나 마찬가지니까.

"51 대 49요"라고 누군가가 소리쳤다. 그는 자신이 상대방보다는 좀 더 기여해야 한다고 주장했다. 관계란 모름지기 자기 희생과 관용 위에 형성되는 것이 아니겠냐며.

또 다른 사람은 "80 대 20이요"라고 답했다. 그러자 연사는 칠판으로 향하더니 커다랗게 '100 대 0'이라고 적었다.

"여러분은 상대방으로부터 아무것도 기대할 수 없다 하더라도, 기꺼이 100퍼센트를 주려고 해야 합니다. 관계를 유지하는 데 본인이 100퍼센트의 책임을 부담하려고 할 때만 관계는 지속됩니다. 그렇지 않으면, 관계는 취약해져서 엄청난 불행으로 이어지고 말 겁니다."

아! 전혀 예상치 못했던 대답이었다. 하지만 나는 이 개념이 내 인생의 모든 영역을 어떻게 변모시킬지 곧바로 이해할 수 있었다. 내가 경험하는 모든 것에 항상 100퍼센트 책임을 진다면, 즉 내가 내리는 모든 선택과 내게 일어나는 일들에 대한 모든 반응을 온전히 내가 '소유'한다면, 결국 내가 그 대상들을 통제할 수 있는 힘을 얻는다는 사실을 말이다. 모든 것은 나에게 달렸다. 내가 했던 일에 대해, 또 하지 않았던 일에 대해, 그리고 내게 일어난 일에 대한 내 반응에 대해, 그 모든 것에 나는 책임이 있다.

당신 역시 자신의 삶에 책임감을 느낀다는 점을 나는 잘 안다. 나는 아직까지 "당연히 내 인생은 내 책임이죠"라고 말하지 않는 사람은 만나 본 적이 없다. 그런데 사람들 대부분이 이 세상을 어떻게 살아가는지 가까이 들여다본다면, 남을 손가락질하고 희생을 강요할 뿐 아니라 자신의 문제마저 타인이나 정부가 해결해 주길 기대하는 사람들이 아주 많다는 걸 알게 될 것이다. 차가 너무 막혀서 지각을 했다거나 자녀나 배우자 혹은 동료가 저지른 일 때문에 기분이 불쾌해져서 뭔가를 잘못 결정했다고 투덜댄 적이 있다면, 당신은 개인적 책임을 100퍼센트 지는 사람이 아니다. 출력이 늦어져서 발표장에 늦게 도착했다고? 너무 오래 기다리느라 기회를 놓친 거라고? 프레젠테이션을 망친 게 동료 탓이라고? 마지막에 한 번 더 체크하는 걸 잊었다고? 이런 핑곗거리를 책으로 만든다면 몇 권이나 될지 셀 수도 없을 것이다.

내가 한 일, 하지 않은 일, 또 내게 일어난 일에 대응하는 방식에 대한 책임은 오직 나에게 있다. 이 굳건한 마인드셋이 내 인생을 근본적으로 바꿔 놓았다. 행운, 상황, 바람직한 조건은 그리 중요하지 않다. 그것이 무엇이든 나에게 달려 있을 뿐이니까. 나는 어디든 날아갈 수 있다. 누가 대통령으로 선출되든, 경기가 얼마나 하락하든, 누군가가 어떻게 말하거나 어떤 일을 하거나 하지 않거나 상관없이, 나를 100퍼센트 관리하는 사람은 나 자신이다. 과거, 현재, 미래의 피해 의식으로부터 완전히 자유로워지자고 선택함으로써 나는 엄청난 행운을 거머쥘 수 있었다. 이렇게 나는 내 운명을 통제할 무한한 힘을 얻었다.

행운은 항상 우리 곁에 있다

아마도 당신은 자신이 조금 불운한 편이라고 여길 것이다. 하지만 그것 역시 또 하나의 핑계일 뿐이다. 부유함, 건강, 행복을 얻느냐, 아니면 파산, 우울증, 병에 시달리느냐의 차이는 당신이 살면서 내리는 선택에서 비롯된다. 그 외에 다른 이유는 없다.

사실을 말하자면, 우리 모두 운이 좋다. 큰 사고에 휘말리지 않았다면, 몸이 건강하다면, 냉장고에 먹을 게 남았다면, 꽤나 운이 좋은 셈이다. 운이 좋아질 기회는 모두에게 있다. 건강과 생존의 기본 조건들만 갖췄다면, 행운은 그저 여러 선택의 결과로 자연히 뒤따라오는 것이기 때문이다.

예전에 나는 저명한 사업가 리처드 브랜슨Richard Branson에게, 그의 성공에 행운이 얼마간 작용했다고 생각하는지 물었던 적이 있다. 그의 대답은 다음과 같았다. "네, 물론이죠. 우리는 모두 운이 좋아요. 민주주의 사회에 사는 것만 해도 운이 좋은 겁니다. 행운은 늘 우리 곁에 있어요. 느끼든 느끼지 못하든, 행운

아주 작은 변화의 힘

이 끊임없이 일어나고 있는 겁니다. 나는 다른 사람보다 특별히 더 운이 좋은 적도, 더 불운한 적도 없었어요. 다만 차이가 있다면, 운이 나에게 찾아왔을 때 그걸 잘 활용했을 뿐인 거죠."

아, 역시 기사 작위를 받은 사람의 지혜는 다르다. 이 문제에 관한 한, 우리가 흔히 듣는 "행운은 기회를 맞이할 준비가 된 사람에게 찾아온다"는 오래된 격언만으로는 충분하지 않다. 나는 기회와 준비 외에도 행운에 관여하는 중요한 요소가 두 가지 더 있다고 믿는다.

행운의 방정식 바로 알기

준비(개인적 성장)
+ 태도(믿음, 마인드셋)
+ 기회(뜻밖에 찾아오는 좋은 일)
+ 실천(기회를 맞아 취하는 행동)
= 행운

• **준비:** 끊임없이 자신의 기술, 지식, 전문성, 인간관계, 자원을 개선하고 준비해야 큰 기회가 찾아올 때(즉, 행운이 갑자기 나타

날 때) 그 기회를 활용할 수 있다. 그러면 당신도 "재미있는 일이 죠? 이상하게도 연습을 많이 할수록 운도 더 좋아지더군요"라는 말을 남긴 전설적인 골퍼 아널드 파머를 이해하게 될 것이다.

• **태도:** 행운이 비켜 가는 사람들은 이 태도가 문제고, 리처드 브랜슨 경처럼 "행운은 늘 우리 곁에 있다"고 말하는 사람들은 이 태도의 덕을 본다. 간단히 말하자면, 태도란 어떤 상황, 대화, 분위기에 대해 '운이 좋다'고 여기는지 아닌지를 뜻한다. 찾지 않는다면 볼 수 없고, 믿지도 않는데 찾아 나설 수는 없다.

• **기회:** 누구나 자신의 운을 만들어 낼 수 있지만, 여기서 말하는 운은 일부러 계획할 수 있는 것이 아니며 예상보다 빨리 찾아오거나 다른 모습으로 찾아오기도 한다. 이 방정식에서 행운은 강제되는 것이 아니다. 자연스럽게 나타나기 때문에 얼핏 저절로 발생한 것처럼 보이기도 한다.

• **실천:** 이것이 당신이 해야 할 역할이다. 신, 우주, 요정, 혹은 당신 주변의 그 누가 행운을 당신에게 전해 줬든지, 그것을 실천에 옮기는 건 당신의 책임이다. 실천 여부에 따라 리처드 브랜슨과 조지프 윌링턴스 사이의 차이가 만들어진다. 조지프가 누구냐고? 바로 그렇다. 그의 이름을 들어 본 적이 없을 것이다. 나 역시 모른다. 그가 자신에게 찾아온 모든 행운에 실천으로 답하지

아주 작은 변화의 힘

않았기 때문인 것이다.

　이것이 행운의 방정식을 구성하는 요소다. 그러니 당신이 쥔 패가 형편없다고, 너무나 큰 실패를 겪었다고, 얼마나 힘든 상황을 견뎌 왔는지 아느냐고 더는 징징거리지 말라. 당신보다 더 많은 단점과 더 큰 장애를 가졌음에도 더 큰 성취와 부를 이뤄 낸 사람이 셀 수 없이 많다. 행운은 누구에게나 공평하게 분배된다. 행운의 여신은 모두에게 햇살을 내린다. 그러니 우산 속에 얼굴을 감추지 말고, 얼굴을 들어 하늘을 보라. 결국 모든 길은 당신에게 통한다. 그 외에 다른 길은 없다.

33만 달러를 잃고서야 알게 된 것

10년 전쯤 나는 새로 설립된 스타트업 기업의 파트너로 합류해 달라는 요청을 받았다. 이후 그 회사에 직접 상당한 금액을 투자했고, 근 2년 동안 지칠 줄 모르고 일했다. 내 파트너가 자금 관리를 엉망으로 하며 돈을 펑펑 쓴다는 것을 알기 전까지는. 손실액이 33만 달러가 넘었지만, 그를 고소할 마음은 들지 않았다.

　회사가 손실을 낸 건, 따지고 보면 내 잘못이었다. 그의 배

경과 개인적 특성을 충분히 검토하지 않고 파트너가 되기로 결정했기 때문이다. 같이 사업체를 운영하는 동안에도 나는 파트너에 대해 별다른 조사를 하지 않았다. 상대를 신뢰했기 때문이라고 변명할 수 있겠지만, 게으름을 피우면서 재무 상태를 보다 면밀하게 들여다보지 않은 것은 분명 내 잘못이었다. 나는 그와의 동업을 선택했을 뿐만 아니라, 동시에 누가 봐도 뻔히 보이는 경고 신호를 무시하기로 선택했던 것이다.

완전한 책임감을 지지 않은 채 사업을 하기로 선택했기 때문에 나는 그 결과에 대해 온전히 책임을 지게 되었다. 내 잘못임을 자각하고 난 후, 나는 잃어버린 돈을 되찾는 데 더는 시간을 쏟지 않기로 결심했다. 대신 쓰라린 상처를 다독이며 마음속 깊이 교훈을 새긴 후 다른 일을 찾아 나섰다. 만약 지금 똑같은 일이 벌어진다고 해도 나는 같은 선택을 할 것이다.

당신 역시 나와 같은 선택을 내리길 바란다. 좋은 일이든 나쁜 일이든, 승리든 패배든, 당신에게 어떤 일이 발생하든지 전적으로 책임져라. 나의 멘토 짐 론은 이렇게 말했다.

"아이를 졸업하고 어른이 되는 것은 바로 자기 인생에 전적으로 책임을 지는 날부터 시작이다."

오늘이 바로 그 졸업식이 있는 날이다! 지금부터 자신의 인

아주 작은 변화의 힘

생에 100퍼센트 책임을 지겠다고 선택하라. 모든 변명거리는 버려라. 자신의 선택에 자신이 책임을 지는 한, 당신은 어떤 선택이든 자유롭게 내릴 수 있다는 점을 깨달아라.

이제 당신의 선택을 통제할 시간이 왔다.

자신의 행동을 추적하라

지금부터, 나 자신을 계발하는 과정에서 사용해 왔던 가장 강력한 전략 한 가지를 당신에게 소개하고자 한다. 이 전략은 매일 취하는 일상적인 선택을 통제하는 데 도움을 줌으로써 모든 일들이 제자리를 찾게 하고, 행동과 실천이 순종적이고 충성스러운 하인처럼 일관성 있는 습관으로 이어지도록 만든다.

우선 바로 지금 이 순간, 당신이 가장 성공하길 원하는 영역을 선택하라. 돈을 많이 벌고 싶은가? 날씬한 몸매를 원하는가? 철인경기에 나설 정도의 체력을 바라는가? 아니면 배우자나 자녀들과 더 좋은 관계를 형성하고 싶은가? 지금 현재, 당신이 그 영역에서 어느 위치에 있는지 그려 보라. 그리고 이후에 어디에 도달하고 싶은지를 짚어라. 더 부유하고, 더 멋지고, 더 행복한 지점을.

변화의 첫 번째 단계는 '인식'이다. 당신이 현재 있는 곳에서 원하는 곳으로 가고 싶다면, 목적지로 이끌어 줄 선택이 무엇인지 인식하는 것부터 시작해야 한다. 오늘 당신이 내리는 모든 선택을 분명히 인식해야 좀 더 현명한 선택을 내릴 수 있다.

자신의 선택을 인식하기 위해, 당신이 개선하고 싶은 삶의 영역과 관련된 모든 행동을 '추적tracking'하길 권한다. 빚더미에서 탈출하고 싶다면, 당신이 지출하는 모든 돈을 푼돈까지 전부 추적해야 한다. 살을 빼고 싶다면, 당신 입으로 들어가는 모든 음식을 일일이 따져 봐야 한다. 운동 경기 참가를 위해 훈련하기로 결심했다면, 자신이 내딛는 모든 걸음과 행하는 모든 운동을 추적하라. 메모장을 항상 지니고 다녀라. 그리고 모두 적어라. 매일, 하루도 빠짐없이, 한 가지도 빼지 말고. 핑계나 예외는 없다. '빅 브라더'가 늘 당신을 감시하고 있다고 여겨라. 당신이 기록을 빼먹을 때마다 내가 나타나 팔굽혀펴기 100회를 명령할 거라고 생각하라.

자신의 일거수일투족을 적는다고 뭐 그리 대단한 효과가 있겠나 싶을 것이다. 하지만 내 발전과 실수를 추적함으로써 나는 지금의 성공을 일궈 낼 수 있었다. 이 추적 과정을 통해 당신은 자신의 결정을 의식적으로 바라볼 수 있게 된다.

주의할 점은, 짐 론이 말한 것처럼 "실천하기 쉬운 일은 그 만두기도 쉽다"는 것이다. 물론 실천이 어렵다고 해서 마법이 일 어나지는 않는다. 다만 컴파운드 이펙트의 기적을 일으킬 만큼 반복적으로, 충분히 오랫동안, 간단한 일을 계속 실천하는 게 비 법이다. 그러니 삶에 커다란 변화를 일으킬 단순한 일들을 혹시 현재 자신이 무시하고 있는 것은 아닌지, 잘 살펴보라.

성공한 사람과 그렇지 못한 사람 간의 결정적인 차이는 성 공하지 않은 사람들이 거부하는 일을, 성공한 사람들은 기꺼이 실천하고 있다는 점이다! 기억하라. 이후의 삶에서 어렵고 지루 하고 힘든 선택의 순간을 직면할 때, 이 간단한 추적하기 기술이 도움이 되리라는 사실을.

돈은 당신을 함정에 빠뜨린다

나는 자금 관리에 관해 엄청나게 바보처럼 행동했던 뼈아픈 경 험을 통해 추적하기의 힘을 배웠다. 부동산을 사고팔며 많은 돈 을 벌던 20대 초반 어느 날, 나는 회계사를 만났다.

"세금으로 10만 달러가 훨씬 넘는 금액이 나왔습니다"라고 그는 말했다.

"뭐라고요?" 내가 놀라서 소리쳤다. "지금 당장 그만한 현금이 저에겐 없어요!"

"왜죠?" 그는 물었다. "돈이 들어올 때마다 그 돈에 부과될 세금을 따로 빼놓지 않았나요?"

"그런 적이 한 번도 없습니다."

"번 돈은 다 어디로 갔나요?"

"모르겠어요." 나는 정말로 알지 못했다. 돈은 물처럼 손가락 사이를 빠져나갔지만 나는 그걸 알아차리지도 못했던 것이다!

그런 내게 회계사는 따끔한 충고라는 호의를 베풀었다.

"이봐요, 정신 차려요!" 그는 내 눈을 들여다보며 말했다. "난 이런 상황을 전에도 수백 번 경험했어요. 술 취한 바보처럼 돈을 써 대고 어디에다 돈을 썼는지 알지도 못하다니, 멍청하기 짝이 없군요. 당신은 현재 심각한 적자 상태입니다. 이미 부과된 세금뿐 아니라 앞으로 부과될 세금까지 납부하려면 더 많은 돈을 벌어야만 해요. 지금처럼 하다가는 지갑으로 자기 무덤을 파는 꼴이 되고 말 겁니다."

나는 이 말이 어떤 의미인지 바로 알아들었다.

회계사는 나에게 이렇게 하라고 조언했다.

'앞으로 30일 동안, 작은 수첩을 들고 다니면서 본인이 쓰는 돈을 1센트짜리 하나라도 모두 기록하라. 새 옷 구입에 쓴 1000달러든, 타이어에 바람을 넣는 데 쓴 50센트든, 죄다 수첩에 적어라.'

그렇게 하자 놀랍게도 내가 얼마나 많은 돈을 무의식적으로 써 왔는지 즉각 인지할 수 있었다. 모든 걸 기록해야 했기 때문에 나는 뭔가를 구입하려는 행동을 억제할 수 있었고, 그러자 수첩을 꺼내는 빈도가 점점 줄어들었다.

30일 동안 지출을 기록하면서 나는 자신에 대한 새로운 인식에 이르렀고, 지출과 관련해 완전히 새로운 선택을 내릴 수 있게 됐다. 그리고 이런 인식과 긍정적 실천이 결합되자 사전에 자금 관리 대책을 강구할 수 있었고, 은퇴를 대비해 따로 돈을 모으기 시작했다. 돈이 어디서 낭비되는지 그 영역을 발견할 수 있었고, 꼭 필요한 곳에 돈을 쓰는 즐거움도 느끼게 됐다. 단순한 쾌락을 위해 쓰는 돈은 반드시 오래 숙고한 다음에야 지출했다.

이런 '추적 훈련'은 돈을 다루는 방식에 대한 인식을 크게 변화시켰다. 이 전략은 다른 행동을 변화시키는 데에도 아주 효과적이었다. 추적하기는 나를 망치고 병들게 하는 모든 것을 변화시키는 데 활용하는 주력 모델로 자리 잡았다. 몇 년에 걸쳐 나는 내가 무엇을 먹고 마시는지, 얼마나 많이 운동을 하는지,

기술 계발을 위해 얼마나 시간을 쓰는지, 얼마나 자주 사업을 위한 연락을 하는지, 가족과 친구와의 관계 유지에 얼마나 많은 시간을 할애하는지 등을 추적했다. 그 결과는 지출 추적하기의 효과만큼이나 엄청났다.

당신이 이 책을 구입했다는 것은 내 의견과 안내를 듣기 위해 돈을 지불했다는 의미일 것이다. 적어도 일주일간 당신의 행동을 추적하라는 조언이 고리타분하고 융통성 없는 충고라고 여길 수도 있을 것이다. 하지만 이 책은 애초에 당신을 즐겁게 할 목적으로 쓴 것이 아니다. 당신이 만족할 만한 결과를 얻도록 돕기 위해 썼다. 그리고 그런 결과를 얻고자 한다면, 나의 조언대로 따라 주길 바란다.

이 추적하기 전략에 대해 예전에 들어 본 적이 있을 수도 있다. 혹은 이미 이 전략을 자신의 삶에 적용해 본 적 있을지도 모르겠다. 그러나 적어도 지금은, 추적하기를 실천하지 않고 있음에 틀림없다. 내가 그걸 어떻게 아냐고? 지금 당신의 삶은 당신이 원하는 대로 흘러가지 않고 있을 것이기 때문이다. 어느 순간 길을 잃었을 수도 있다. 이럴 때 추적하기는 당신을 원래 궤도로 돌아오게 도와준다.

라스베이거스의 수많은 카지노가 어떻게 많은 돈을 버는지 아는가? 모든 테이블, 그리고 돈을 따는 모든 사람을 매시간 추적하기 때문이다. 올림픽 대표팀의 트레이너들은 왜 높은 연봉을 받을까? 선수들이 행하는 모든 운동과 그들이 먹는 모든 음식 및 칼로리를 추적하기 때문이다. 승자가 되려면 '추적자'가 되어야 한다. 승자가 되려면 사정거리 안에 당신의 목표를 위치시키고 자신의 삶을 꾸준히 추적해야 한다.

추적하기는 간단한 전략이다. 이 전략이 효과적인 이유는 개선하고자 하는 인생의 영역에서 당신이 매순간 어떤 행동을 하는지 인식하도록 만들기 때문이다. 그 순간마다 자신이 어떻게 행동하는지 관찰하면서 당신은 깜짝 놀라게 될 것이다. 자신의 현재 위치를 알지 못하면 관리나 개선 또한 불가능하다. 마찬가지로, 당신의 행동을 인식하고 책임지지 못하면 가지고 있는 재능과 자원, 능력을 제대로 활용할 수 없다.

모든 프로 운동선수와 코치는 아주 세밀한 수준까지 모든 기록을 추적한다. 투수들은 자신이 던지는 모든 투구에 관한 통계치(구속, 커브의 낙차 등)를 알고 있다. 골프선수들은 자신의 스윙별 예상치(거리, 각도, 방향 등)를 꿰뚫고 있다. 이들은 추적 결과에 근거해 자신의 몸짓 하나하나를 어떻게 조정해야 할지 파악한다. 또 그 조정에 따른 기록 변화에 주목한다. 자신의 통계치가 개선되어야 좀 더 많은 경기에서 승리할 수 있고, 더 많은 돈을 벌 수 있다는 점을 알기 때문이다.

매순간 당신이 얼마나 잘하고 있는지를 냉정하게 판단하기 바란다. 또한 당신 자신을 소중히 여기면서 스스로를 추적해 보기 바란다. 실제로 당신은 소중한 사람이니까. 앞에서 누구라도 쉽게 이해할 수 있는 시스템이 있다고 언급했던 걸 기억하는가? 이게 바로 그것이다. 자신의 습관을 잘 알고 있다고 생각하든 아니든(장담컨대, 당신은 잘 모른다!), 바로 지금부터 추적하기를 실천해 보라. 당신의 생활방식과 삶이 바뀔 것이다.

3주 자기 추적 시스템

어렵게 생각할 필요가 없다! 생각하지 마라! 완만한 속도로 쉽게 할 수 있는 방법을 소개하겠다. '일주일에 하나의 습관'만 추적하라. 우선 당신에게 가장 크게 영향을 끼치는 습관을 선택하라. 여기가 출발점이다. 컴파운드 이펙트의 이득을 얻기 시작하면, 자연스럽게 삶의 다른 영역에도 그 방법을 적용하고 싶어질 것이다. 다시 말해, 당신은 '추적하기의 선택'을 선택하게 될 것이다.

예를 들어, 살을 빼려는 목적을 달성하기 위해 당신이 선택한 방식이 식습관 개선이라고 해 보자. 당신이 해야 할 일은 저녁 식사 때 먹은 스테이크와 감자, 샐러드부터 휴게실에서 먹은 프레첼, 샌드위치에 추가로 넣은 치즈, 간식으로 먹은 초코바, 마트 시식 코너에서 맛본 와인 샘플까지 입으로 들어가는 모든 것을 기록하는 것이다. 음료수도 빼놓지 마라. 얼마 되지 않는 양이라고 무시하거나 잊어버리기 쉽지만, 모두 합해 보면 엄청난 양이니까 말이다. 그저 모든 것을 기록하기만 하는 게 뭐가 어렵겠냐고 생각하겠지만, 쉽다는 이유 때문에 오히려 실천을 등한시할 수 있다. 그래서 나는 당신이 이 페이지를 넘기기 전에 다음과 같이 다짐하기를 바란다.

나는 (연/월/일)부터 나의 (무엇)을 추적할 것이다.

추적하기는 철저하고 체계적으로 이루어져야 한다. 또한 빈틈없이 꾸준하게 실천해야 한다. 매일 새로운 페이지에 날짜를 적고 추적하기를 진행하라.

추적하기를 시작하고 일주일이 지나면 어떤 일이 생길까? 아마도 충격을 받을 것이다. 자신이 얼마나 많은 칼로리를 섭취하는지, 푼돈이라 생각했지만 얼마나 많은 돈이 빠져나가는지, 얼마나 많은 자투리 시간들이 흐지부지 사라지는지를 깨닫고 경악할 것이다. "이 정도로 심각한 상황이었나?" 하고 놀랄 것이다.

추적하기를 3주 동안 진행해야 한다면, 아마도 당신은 고통스러운 나머지 아예 시작하고 싶지 않다고 생각할 것이다. 하지만 나를 믿어라. 일단 일주일만 지속하면 자연스럽게 2주를 더 하게 될 테니까. 경험이 그렇게 얘기해 준다.

그런데 왜 3주여야 할까? 3주 동안 훈련해야 습관이 될 수 있다는 심리학자의 말을 들어 본 적이 있는가? 엄밀히 말해 과학적인 조언은 아니지만 참고할 만하고 적어도 나에게는 효과가 있었다. 21일 동안 자신의 행동을 추적하겠다는 선택을, 당신이 계속 고수해 주길 바란다. 설령 당신이 거부한다 해도 나는 잃을 것이 없다. 내 허리둘레가 굵어지는 것도, 내가 심혈관 질환에 걸리는 것도, 내 통장에 문제가 생기는 것도, 내 인간관계가 망가지는 것도 아니니까.

그러나 솔직히 말해 보라. 당신은 삶을 변화시키기 위해 이 책을 읽고 있지 않은가? 그리고 나는 이 책을 통해 느리지만 꾸준한 방법을 알려 줄 거라고 당신에게 약속하지 않았는가? 추적하기는 분명 편하고 쉽기만 한 건 아니지만, 간단하고 충분히 실천할 만한 전략이다. 그러니 지금 바로 실행하라. 스스로에게 실천을 약속하라. 바로 지금, 오늘! 앞으로 3주 동안 수첩을 들고 다니면서 아무리 사소한 것이라도 모두 적겠다고 결심하라.

3주가 지나면 어떤 일이 벌어질까? 당신은 자신의 행동에 대한 인식이 어떤 결과를 나타내는지를 목격하면서 첫 주에 느꼈던 충격에서 벗어나 '즐거운 경탄'을 체험하게 될 것이다. 아마도 이렇게 묻는 자신을 발견할 것이다. "진짜 이 초코바를 먹어야 할까? 먹고 나면 바로 수첩을 꺼내 적어야겠지? 그러고는 약간 죄책감을 느끼겠지?" 초코바의 유혹을 견뎌 내면 200Kcal를 줄일 수 있다. 그렇게 매일 초코바를 거부하면 2주 후에 1파운드를 줄이게 된다! 출근길에 사서 마시는 4달러짜리 커피를 줄이면? 3주 동안 60달러를 절약할 수 있다. 맙소사, 1년이면 무려 1000달러다! 이 돈을 복리로 은행에 20년 동안 저축하면 5만 1833달러 79센트를 받을 수 있다! 당신이 커피를 끊어야 할 이유는 과연 얼마의 가치가 있을까?

그렇다. 당신이 오늘 지출하는 1달러의 돈은 그걸 어디에 쓰든지 간에 20년만 지나면 거의 5달러(30년이 지나면 10달러)에 해당한다는 걸 알고 있었는가? 1달러를 8퍼센트의 수익률로 투자하면 20년 안에 그 돈은 거의 다섯 배의 가치를 가지게 된다.

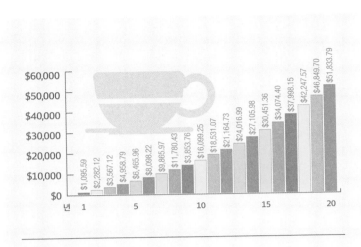

그림 3

20년간 4달러짜리 커피를 마시는 습관에 드는 비용은 총 5만 1833달러 79센트다. 컴파운드 이펙트가 발휘된 결과다.

오늘 1달러를 저축하면, 미래에는 5달러를 손에 쥐는 것이다.

예전에 나는 50달러짜리 가격표를 보면 나에게 50달러만큼의 비용을 감당하게 하는 거라고 생각하는 실수를 저지르곤 했다. 물론 현재 가치는 50달러가 맞다. 하지만 그 50달러를 20년 동안 투자함으로써 얻을 잠재적 가치는 그 다섯 배다! 그렇기 때문에 50달러짜리 가격표를 볼 때마다 이렇게 물어야 한다. "이 상품은 250달러의 가치가 있을까?" 이렇게 물었는데도 만약 그

아주 작은 변화의 힘

가치가 250달러에 해당한다면 구매해도 좋다.

다음에 마트에 가면 반드시 이렇게 생각해 보라. 아무리 가격이 놀랍도록 싼 제품을 본다고 해도 말이다. 꼭 필요한 25달러짜리 물건을 사러 들어갔다가 400달러를 쓰고 나오기 일쑤니까. 그러면 창고는 할인 매장에서 구입했다가 방치된 불용품들의 무덤이 돼 버린다. 앞으로 할인 매장에 가게 되면 미래 가치의 관점으로 그 제품의 가치를 평가하라. 50달러짜리 제빵 기계를 지금 장바구니에 담지 않으면 향후 은행 계좌에 250달러의 돈이 생긴다고 생각하라. 매년, 매주, 매일 올바른 선택을 하면 금전적으로 얼마나 윤택해질 수 있는지 금방 알 수 있을 것이다.

추적하기를 통해 현실을 인식하면 예전과는 아주 달라진 자신을 발견하게 된다. 당신은 스스로에게 이렇게 물을 것이다. "출근할 때마다 커피 한 잔씩 사서 마시는 습관은 결국 벤츠 자동차 한 대 가격에 맞먹지 않을까?" 더 이상 아무 생각 없이 행동하는 일이 없어질 것이다. 현실을 분명하게 인식하면 좀 더 나은 선택을 내릴 수 있다. 단지 수첩과 펜만 있으면 된다. 어처구니없을 정도로 간단하지 않은가?

아주 작은 변화가 만든 위대한 승리

자신의 삶을 추적하기 시작하면, 당신의 관심은 자신의 옳은 행동과 그른 행동 중에서도 가장 작은 것들에 온통 쏠리게 될 것이다. 그리고 아무리 사소하고 작은 일이라도 꾸준히 경로를 수정해 간다면, 시간이 지난 후 놀라운 결과를 보게 될 것이다. 그렇다고 즉각적인 승전보는 기대하지 마라.

경로를 조금씩 수정하는 일은, 처음에는 눈에 띄지 않는다. 주변의 누구도 그 변화를 곧바로 인지하지는 못할 것이다. 따라서 박수갈채 따위는 없다. 당신이 규율을 잘 지켰다고 해도 누군가가 축하의 선물이나 트로피를 건네주는 일도 없다. 하지만 결국엔, 컴파운드 이펙트가 작용하여 생각지도 못한 보상을 안겨줄 것이다. 위대한 승리는, 언뜻 사소해 보이는 작은 규율들을 누구도 알아주지 않는 가운데 오랫동안 지키며, 노력하고 준비한 결과로 주어지는 보상이다. 그런데 그 보상은 엄청나다.

경마에서 2등과 간발의 차이로 이겨도 우승자는 상금을 열배나 더 많이 받는다. 2등보다 열 배가 빨라서 상금을 열 배 더 받는가? 아니, 단지 아주 약간만 더 빠르면 된다. 하지만 그 작은 차이를 위해 트랙을 한 바퀴라도 더 돌고, 말의 영양 상태를 한

번이라도 더 점검하고, 한 번이라도 더 연습해야 한다. 이 과정을
통해 만들어진 아주 약간의 차이가 엄청난 보상을 만들어 낸다.

수백 회의 토너먼트에 참가하며 수천 번의 스윙을 날리는
골프선수들을 살펴보면, 랭킹 1위 골퍼와 랭킹 10위 골퍼 간의
타수 차이는 고작 1.9타에 불과하다. 그러나 상금의 차이는 다섯
배나 된다(1000만 달러 대 200만 달러)! 물론 1위 골퍼가 10위보다

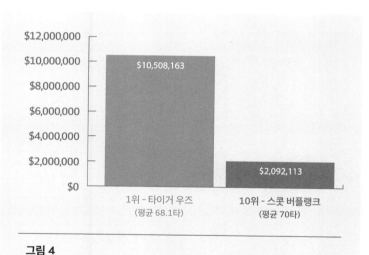

그림 4
1위 골퍼와 10위 골퍼의 평균 타수 차이는 1.9타에 불과하다. 하지만,
상금의 차이는 다섯 배다. 컴파운드 이펙트의 효과다. (출처: 2009년 12
월 페덱스컵 랭킹)

다섯 배 더 잘하는 것은 아니다. 50퍼센트, 아니 10퍼센트도 차이가 나지 않는다. 사실, 평균 타수가 겨우 2.7퍼센트 더 나을 뿐이다. 그럼에도 보상은 다섯 배나 차이가 난다.

이것이 바로 작은 것들이 축적되면 발휘되는 힘이다. 마지막에 어떤 큰 힘이 갑자기 더해지는 것이 아니다. 수백, 수천, 수백만의 작은 것들이 쌓여 평범함과 비범함을 가른다. 더 좋은 스윙에는 일일이 설명할 수조차 없는 작은 요인들이 무수히 많이 작용되어야 한다. 그런 작은 것들이 결국 당신에게 우승자의 '그린 재킷'을 선사하는 것이다.

작은 변화를 추적함으로써 엄청난 보상을 얻을 수 있는 방법을 몇 가지 더 살펴보도록 하자.

예전에 매년 1억 달러 이상의 매출을 올리는 대기업의 창업자이자 CEO인 필Phil이라는 사람을 멘토링했던 적이 있다. 회사는 잘나가고 있었지만, 나는 조직 문화 측면에서 기업 내에 몰입과 신뢰, 열정이 부족하다는 점을 감지할 수 있었다. 그래서 필이 5년 넘도록 자기 사무실 외에는 회사 건물의 다른 곳에 들러본 적이 없다는 사실을 알게 되었을 때도 그다지 놀라지 않았다. 필과 개인적으로 대화를 나눠 본 적이 있는 직원은 전체의 20퍼센트도 채 되지 않았다. 무려 80퍼센트의 직원은 그와 한마디도 나눠 본 적 없었던 것이다!

필의 문제는 근본적으로 경영진의 울타리 밖으로 나가려하지 않는 데 있었다. 나는 그에게 한 가지만 바꿔 보라고 조언했다. 일주일에 세 번은 사무실 밖으로 나가 건물 이곳저곳을 돌아다녀 보라고 말이다. 그리고 그에게 일을 잘하고 있거나 평판이 좋은 직원을 세 명 이상 찾아내어 개인적으로 감사와 칭찬을 전하는 걸 목표로 삼으라고 했다.

이 작은 행동의 변화에 드는 시간은 일주일에 한 시간도 채안 되었지만, 시간이 지나자 엄청난 효과가 발휘되기 시작했다. 필의 칭찬을 받은 직원들은 더 큰 인정을 받기 위해 더 열심히일했다. 직접 칭찬받지 못한 직원들도 그 모습을 보며 더 좋은성과를 내고자 노력했다. 이런 태도 변화가 만들어 낸 긍정적 영향이 고객 대상 업무에까지 미치자, 고객 만족도가 크게 개선됐고 재구매율과 고객 추천 비율도 증가했다.

이렇게 간단한 변화가 18개월간 계속되자, 조직 문화가 180도 바뀌었다. 마케팅에 추가적인 투자 없이 똑같은 인력을 운용했음에도 순이익이 30퍼센트 이상 성장했다. 이 모든 게 겉으로보기엔 작고 사소한 변화를 꾸준히 지속한 결과였다.

월급의 1%를 저축해 백만장자가 된 비서

12년 전에 캐서린이라는 훌륭한 비서와 일했던 적이 있다. 당시에 그녀의 연봉은 4만 달러였다. 캐서린의 업무는 내가 '기업가 정신'과 '부의 축적'에 관해 강의하는 동안 강의실 뒤쪽에 앉아 수강생 등록을 관리하는 일이었다.

어느 날 그녀가 내 사무실에 찾아왔다. "저는 번 돈의 10퍼센트를 저축하라는 선생님의 말씀을 들었습니다. 옳은 말씀이겠지만, 저로서는 불가능한 일이에요. 제 형편엔 완전히 비현실적인 이야기거든요!" 이어서 그녀는 자신에게 날아오는 각종 청구서와 대출금에 대해 털어놓았다. 그걸 모두 납부하고 나면 월말에 돈이 한 푼도 남지 않는다는 것이었다. "그러니 연봉을 올려 주시면 좋겠어요"라고 그녀는 말했다.

나는 이렇게 대답했다. "흠, 연봉을 좀 올려 준다고 해결될 문제는 아닌 것 같은데요. 당신에게 부자 되는 법을 가르쳐 줄게요." 비록 원하던 대답은 아니었지만, 그녀는 일단 내 제의를 수락했다.

이후에 나는 캐서린에게 지출 추적하기 전략을 가르쳐 줬고, 그녀는 노트를 들고 다니기 시작했다. 그리고 그녀에게 월

아주 작은 변화의 힘

급 중 딱 1퍼센트, 그러니까 33달러로 별도의 저축 계좌를 개설하라고 조언했다. 일주일에 한 번은 점심을 밖에서 사 먹지 말고 도시락을 싸 오면, 한 달에 33달러는 아낄 수 있었다. 그리고 그 다음 달에는 월급의 2퍼센트(67달러)를 저축하도록 했다. 이번에는 케이블 방송 요금제를 더 싼 것으로 바꿔서 33달러를 아꼈다. 또 그다음 달에는 월급의 3퍼센트를 저축액으로 설정했다. 이번에는 《피플》 잡지 구독을 끊었다. 이제 다른 '사람들' 대신 '본인 자신'의 삶을 연구할 때였다. 그리고 스타벅스에서 커피를 사 먹는 대신, 원두를 구입하여 사무실에서 직접 커피를 내려 마시게 했다. 덕분에 그녀도 나도 커피를 훨씬 더 좋아하게 됐다!

연말이 되자 캐서린은 자신의 라이프 스타일을 포기하지 않으면서도 급여의 10퍼센트를 저축하게 됐다. 이 사실에 가장 놀란 것은 다름 아닌 그녀 자신이었다! 또한, 이 한 가지 규율이 삶의 여러 다른 영역에도 물결 효과를 일으켰다. 자신의 지출 하나하나를 계산하기 시작한 것이다. 특히 아무 생각 없이 나가던 오락성 비용을 아껴서 그 돈을 개인의 발전에 투자하게 됐다.

수백 시간을 들여 풍부한 영감을 주는 교육 콘텐츠를 습득하면서 그녀의 창의력은 한층 성장했다. 캐서린은 우리 조직이 더 많은 돈을 벌고 절약할 수 있는 몇 가지 아이디어를 내게 들고 왔다. 그리고 절약하게 될 돈의 10퍼센트와 새로운 전략을 통해 벌어들일 수익의 15퍼센트를 자신에게 준다면, 본인의 여가 시간을 활용해 그 계획을 직접 실행하겠다고 제안했다.

다음 해 말이 되자 그녀의 급여는 10만 달러가 넘었다. 기본급 4만 달러는 그대로였지만 6만 달러를 보너스로 받았던 것이다. 이후 캐서린은 독립하여 자신의 사업을 시작했다. 2년 전쯤 우연히 공항에서 캐서린과 마주쳤는데, 그녀는 이제 연간 25만 달러를 벌고 있으며 100만 달러 넘는 자산을 보유하고 있다고 말했다. 말 그대로 백만장자가 된 것이다!

이 모든 것은 한 달에 33달러를 저축하기로 한 작은 선택으로부터 비롯되었다.

시간이 쌓이는 게 관건이다

작은 변화를 일찍 시작할수록 컴파운드 이펙트가 당신에게 유리한 쪽으로 작동하는 힘은 더욱 강력해진다.

당신의 친구가 최고의 재테크 전문가 데이브 램지Dave Ramsey의 조언을 듣고, 대학 졸업 후 첫 직장에 들어가면서부터 개인 퇴직 연금에 매달 250달러를 넣기 시작했다고 가정해 보자. 반

아주 작은 변화의 힘

면 당신은 40세가 되어서야 같은 금액을 퇴직 연금에 납입하기 시작했다면?(혹은 당신이 친구보다 더 일찍 퇴직 연금 저축을 시작했지만, 별로 수익이 나지 않는 것 같아 계좌를 해지했을 수도 있다.)

친구는 40세 이후 퇴직 연금 납입을 그만둔다고 해도, 월 8퍼센트의 컴파운드 이펙트로 인해 67세에는 퇴직 연금 계좌에 100만 달러 이상을 보유하게 된다. 당신은 1960년 이후 출생한 사람들의 통상적인 정년인 67세가 될 때까지 매월 250달러를 계속 투자한다고 하자.(친구는 23세부터 40세까지 17년간 투자한 반면, 당신은 40세부터 67세까지 27년이나 투자한다는 뜻이다.) 그러나 은퇴 시점에 이르러도 당신이 가진 돈은 30만 달러에 미치지 못할 것이다. 친구보다 2만 7000달러나 더 투자하고서도 말이다. 더 오랫동안 더 많은 돈을 저축했음에도 불구하고 당신은 결국 받을 수 있었을 돈의 3분의 1보다 적은 돈을 손에 쥐고 만다. 꼭 필요했던 행동, 습관, 규율을 실천하지 않고, 미루고 무시한 결과다. 그러니 목표를 향해 당신을 이끌어 줄 작은 실천을 절대 내일로 미루지 마라!

혹시 이 말을 듣고 이미 늦어서 너무 불리한 상황이고, 절대 따라잡을 수 없다고 스스로에게 말하고 있는가? 머릿속에서 그런 목소리가 들린다면 바로 꺼 버려라. 늦었다고 해서 컴파운드

컴파운드 이펙트의 힘						
친구			당신			
나이	시간(년)	연말 잔고	나이	시간(년)	연말 잔고	
23	1	$3,112.48	23	1	0	
24	2	$6,483.30	24	2	0	
25	3	$10,133.89	25	3	0	
26	4	$14,087.48	26	4	0	
27	5	$18,369.21	27	5	0	
28	6	$23,006.33	28	6	0	
29	7	$28,028.33	29	7	0	
30	8	$33,467.15	30	8	0	
31	9	$39,357.38	31	9	0	
32	10	$45,736.51	32	10	0	
33	11	$52,645.10	33	11	0	
34	12	$60,127.10	34	12	0	
35	13	$68,230.10	35	13	0	
36	14	$77,005.64	36	14	0	
37	15	$86,509.56	37	15	0	
38	16	$96,802.29	38	16	0	
39	17	$107,949.31	39	17	0	
40	18	$120,021.53	40	18	0	
41	19	$129,983.26	41	19	$3,112.48	
42	20	$140,771.81	42	20	$6,483.30	
43	21	$152,455.80	43	21	$10,133.89	
44	22	$165,109.55	44	22	$14,087.48	
45	23	$178,813.56	45	23	$18,369.21	
46	24	$193,655.00	46	24	$23,006.33	
47	25	$209,728.27	47	25	$28,028.33	
48	26	$227,135.61	48	26	$33,467.15	
49	27	$245,987.76	49	27	$39,357.38	
50	28	$266,404.62	50	28	$45,736.51	
51	29	$288,516.07	51	29	$52,645.10	
52	30	$312,462.77	52	30	$60,127.10	
53	31	$338,397.02	53	31	$68,230.10	
54	32	$366,483.81	54	32	$77,005.64	
55	33	$396,901.78	55	33	$86,509.56	
56	34	$429,844.43	56	34	$96,802.29	
57	35	$465,521.31	57	35	$107,949.31	
58	36	$504,159.35	58	36	$120,021.53	
59	37	$546,004.33	59	37	$133,095.74	
60	38	$591,322.42	60	38	$147,255.10	
61	39	$640,401.89	61	39	$162,589.69	
62	40	$693,554.93	62	40	$179,197.03	
63	41	$751,119.64	63	41	$197,182.78	
64	42	$813,462.20	64	42	$216,661.33	
65	43	$880,979.16	65	43	$237,756.60	
66	44	$954,100.00	66	44	$260,602.76	
최종 보유액 =	67	45	$1,033,289.83	67	45	$285,345.14
총 투자액 =			$54,000.00			$81,000.00

그림 5 퇴직 연금에서 발휘되는 컴파운드 이펙트의 힘

아주 작은 변화의 힘

이펙트의 이득을 맛볼 수 없는 것은 아니다. 피아노 연주를 늘 꿈꿔 왔는데 40대가 되니 배우기엔 너무 늦었다는 생각이 드는가? 지금 시작하여 25년간 꾸준히 연습한다면, 정년에 이를 즈음에는 멋진 연주를 선보일 수 있을 것이다. 핵심은 바로 '지금' 시작하는 데 있다. 아무리 위대하고 환상적인 모험도 모두 작은 첫걸음에서 시작한다. 첫걸음은 언제나 실제보다 어려워 보이기 마련이다.

그런데 25년이라는 시간이 너무 길다고? 10년이면 몰라도 그 이상은 인내하기 어렵다고? 자신의 책《한가지로 승부하라 Focal Point》에서 브라이언 트레이시Brain Tracy는 삶의 어떤 영역이든 1000퍼센트까지 향상시킬 수 있는 방법을 제시한다. 10퍼센트나 100퍼센트가 아니라 무려 1000퍼센트다! 그 개념을 설명하면 다음과 같다.

당신이 해야 할 일은 성과나 수입, 혹은 무엇이든 당신이 목표한 영역을 매일(주말은 빼고 일주일 중 5일간만) 1퍼센트의 '10분의 1'씩, 즉 1000분의 1씩 향상시키는 것이다. 할 수 있겠는가? 물론 누구나 할 수 있다. 간단하다. 매일 1000분의 1씩 높이면 일주일에 0.5퍼센트씩(애개!) 성장하며, 한 달로 치면 2퍼센트가 된다. 여기에 컴파운드 이펙트를 적용하면 매년 26퍼센트가 향상되는 셈이다. 2.9년 후 당신의 수입은 두 배가 된다. 10년이 지나면, 당신은 현재의 1000퍼센트(즉, 열 배)의 수입을 벌게 된다. 놀랍지 않은가? 1000퍼센트 더 노력하지 않아도, 1000퍼센트 더 일하지 않아도 된다. 그저 매일 '1퍼센트의 10분의 1'만큼만 발전하라. 단지 그뿐이다.

일단 작은 성취부터 맛보아라

비벌리는 내가 컨설팅을 담당했던 어느 교육 소프트웨어 기업의 영업 사원이었다. 하루는 그녀가 내게 와서 자기 친구가 주말에 열리는 하프 마라톤에 참가한다고 말했다. "저는 절대 그런 건 하지 못할 거예요." 누가 봐도 비만이었던 비벌리는 내게 장담하듯 말했다. "계단을 오르기만 해도 쉽게 숨이 차는 걸요."

"원한다면 당신도 친구처럼 할 수 있어요." 나는 그녀에게 말했다.

그녀는 멈칫하더니 이내 한숨을 쉬었다. "정말 말도 안 되는 소리네요."

우선 비벌리가 자신의 동기를 찾도록 도와야 했다.

"하프 마라톤을 뛰고 싶은 이유는 뭐죠?"

"음, 이번 여름에 고등학교 동창회가 있는데 멋진 모습으로 나가고 싶어요. 하지만 5년 전에 둘째 아이를 낳고는 살이 너무 쪘어요. 어떻게 해야 할지 모르겠네요."

빙고! 동기가 되는 목표가 무엇인지 알아냈다. 하지만 여기서부터 더 조심스럽게 접근해야 했다. 살을 빼려고 노력했던 사람이라면 으레 어떤 절차를 거치는지 알 것이다. 헬스클럽 회원권을 끊고, 개인 트레이너를 고용하고, 새 기구와 세련된 운동복, 멋진 운동화를 사느라 거금을 들이지 않는가? 그렇게 열의에 불타서 일주일쯤은 열심히 운동하지만, 이내 러닝 머신은 빨래걸이로 전락하고, 헬스클럽에는 발길을 끊게 되고, 구석에 처박힌 운동화에는 곰팡이가 피지 않던가? 나는 비벌리가 더 나은 방법을 시도하길 바랐다. 그녀가 한 가지 새로운 습관을 들일 수만 있다면, 필시 자연스럽게 다른 모든 행동도 그 습관과 보조를 맞출 것이라고 생각했다.

그래서 비벌리에게 차를 몰고 동네를 돌며 집에서부터 거리가 1마일(약 1.6킬로미터) 정도 되는 경로를 설정하라고 했다. 그런 다음 그 경로를 2주 동안 세 번 걸으라고 요구했다. 뛰라고는 하지 않았다. 대신 별로 부담되지 않는 작고 쉬운 과제를 부과했다. 그렇게 2주가 지난 후, 같은 경로를 다시 2주 동안 이번에는 일주일에 세 번씩 걷게 했다. 그녀는 약속을 지켰다.

다시 2주가 지난 다음, 이번에는 편안한 마음으로 가볍게 조깅을 하라고 시켰다. 숨이 차면 뛰는 걸 멈추고 걷게 했다. 처음에는 4분의 1마일, 다음에는 2분의 1마일, 다시 4분의 3마일… 이런 식으로 뛰는 거리를 점차 늘리도록 했다. 3주째가 되자(총 9회 운동) 그녀는 1마일을 내내 뛸 수 있게 됐다. 7주 만에 가능해진 일이었다. 이 작은 성취를 위해 너무 오랜 시간이 걸렸다고 생각하는가? 13.1마일인 하프 마라톤 거리에 비하면 물론 별것 아니다. 그렇지만 비벌리가 동창회 참석을 위해 예쁜 몸매를 만들겠다는 자신의 선택을 실천했다는 점이 중요했다. 그녀의 '와이-파워Why-Power'(이후에 자세히 설명하겠다)가 건강한 습관을 형성하는 데 크게 일조했던 것이다. 이렇게 컴파운드 이펙트에 시동이 걸렸고 기적적인 프로세스가 시작되었다.

나는 비벌리에게 운동하러 나갈 때마다 8분의 1마일씩(약 300걸음쯤 되는 거리) 뛰는 거리를 늘리도록 했다. 6개월 내에 그녀는 크게 힘들이지 않고 9마일을 뛸 수 있었고, 9개월 만에 정기적으로 13.5마일(하프 마라톤 거리보다 긴 거리)을 뛰게 됐다. 그보다 더 놀라운 일들이 삶의 다른 영역에서 벌어졌다. 비벌리는 평생 집착해 온 초콜릿과 느끼하고 기름진 음식에 대한 갈망을 끊어 냈다. 유산소 운동과 건강한 식습관 덕에 활력이 늘었고 일에 대한 열정도 높아졌다. 그 결과 그녀의 영업 성과는 두 배로 뛰어올랐다(내게도 엄청나게 기쁜 소식이었다!).

앞 장에서 살펴봤던 사례와 마찬가지로, 긍정적인 물결 효과는 그녀의 자존감을 높여 주었고 그녀를 남편에게도 더 다정한 아내로 만들어 주었다. 부부 사이는 연애 시절보다 더 가까워졌다. 활력을 되찾으니 자녀들과의 소통 역시 더 활발해졌다. 그녀는 어느 순간, 퇴근 후에 모여 함께 기름진 음식을 먹고 술을 마시던 불평꾼 친구들과 더 이상 만나지 않고 있음을 깨달았다. 대신 조깅 클럽에 가입해 건강한 새 친구들을 사귀었다. 그 덕에 여러 긍정적인 선택과 행동, 습관이 또 새롭게 만들어졌다.

처음에 내 사무실에서 대화를 나누며 자신의 와이-파워를 발견하고, 작은 단계들을 차근히 실천하기로 약속했던 비벌리는 결국 40파운드(약 18킬로그램)를 감량했고, 건강과 활력을 모두 지닌 여성의 표상이 되었다. 이제 그녀는 풀코스 마라톤을 뛴다!

당신의 삶은 순간순간의 선택으로 만들어진다. 이 순간적 선택들이 만들어 내는 작은 결과들이 쌓이고 쌓여서 당신의 삶을 변화시키는 엄청난 힘을 가지게 되는 것이다. 하나씩, 매일매일 이뤄지는 선택들이 당신의 행동을 형성하고, 이것이 습관이 되면 영구적으로 실천된다.

패배는 습관이다. 승리 역시 마찬가지다. 이제 당신의 삶에 '이기는 습관'을 영원히 주입하는 방법에 대해 알아볼 것이다. 걸림돌이 되는 습관을 없애고 꼭 필요한 긍정적 습관을 주입하면, 당신이 원하는 방향으로, 당신이 상상할 수 있는 최고의 삶을 만들 수 있다. 다음 장에서 그 방법을 살펴보자.

아주 작은 변화의 힘

실천 노트

✳

당신 삶에서 어떤 영역, 어떤 사람, 혹은 어떤 환경이 가장 고되고 괴로운가?
당신이 감사하게 여기는 상황을 세세히 기록하기 시작하라. 그 영역에서 당신이 강하게 고마움을 느끼도록 만드는 모든 요인을 빠짐없이 기록하라.

성공했든 실패했든, 당신이 그에 대해 100퍼센트 책임지지 않는 삶의 영역은 무엇인가?
과거에 일을 망쳤던 경험 세 가지를 적어 보라. 했어야 마땅하지만 하지 않았던 일 세 가지를 적어 보라. 당신에게 주어졌지만 제대로 대처하지 못했던 기회 세 가지를 적어 보라. 삶의 결과에 대한 책임감을 복원하기 위해 지금 당장 할 수 있는 일 세 가지를 적어 보라.

자신의 삶에서 변화시키고 개선하고 싶은 영역(돈, 건강, 몸매, 인간관계, 양육 등)을 고른 다음, 그 영역에 해당하는 행동을 적어도 한 가지 이상 선택하고 그 행동을 계속 추적해 보라.

3장

습관을 통해 행동을 내 편으로 만들어라

지혜로운 스승이 어린 제자와 함께 숲을 산책하다가 작은 나무 앞에서 멈춰 섰다.

"이것을 뽑아 보거라." 스승은 땅에서 고개를 내민 지 얼마 되지 않은 묘목을 가리키며 제자에게 지시했다. 제자는 손가락으로 쉽게 뽑아냈다. "이제 저것을 뽑아 보거라." 스승은 좀 더 자란 나무를 가리키며 말했다. 제자의 무릎 높이만큼 자란 나무였다. 이번에도 제자는 별 어려움 없이 나무를 잡아채어 뿌리까지 뽑아 올렸다. "자, 이제 이 나무를 뽑아 볼 수 있겠느냐?" 스승은 어린 제자의 키 높이만큼 자란 상록수를 턱으로 가리켰다. 제자는 온 힘을 다해 나무를 뽑으려 애를 썼고, 완강히 버티는 뿌리를 캐내기 위해 주변의 막대와 돌까지 사용했다. 마침내 제자는 그 나무를 뽑아낼 수 있었다.

이제 스승은 손가락으로 어딘가를 가리키며 말했다. "이제 저걸 뽑아 보아라." 스승의 시선을 따라가던 제자는 너무 높아서 꼭대기가 보이지 않는 거대한 떡갈나무를 발견했다. 그 떡갈나무보다도 훨씬 작은 나무를 뽑는 데도 엄청난 사투를 벌였던 제자는 스승에게 말했다. "죄송합니다. 뽑을 수 없습니다."

그런 제자에게 스승은 일러 줄 것이다. "제자야. 방금 너는 습관이 네 삶에 미치는 힘을 느껴 본 것이다. 나무는 나이가 들수록 더 커지고, 뿌리는 더 깊이 자라고, 뿌리를 뽑아내기가 더 어려워지는 법이지. 어떤 나무는 너무 크고 뿌리도 깊은 나머지 아예 시도조차 주저하게 되는 것이야."

인간은 '습관의 동물'이다

아리스토텔레스는 이렇게 적었다. "반복적으로 하는 일이 결국 우리를 결정한다." 메리엄-웹스터 사전은 습관habit을 다음과 같이 정의한다. "거의 혹은 완전히 무의식적으로 이루어지는 행동이 확립된 상태."

아주 작은 변화의 힘

매우 빠른 말을 타고 가는 남자가 있었다. 그는 아주 중요한 곳으로 달려가는 것처럼 보였다. 길옆에 서 있던 사람이 소리쳐 물었다. "어디로 가는 거요?" 말에 탄 사람이 대답했다. "몰라요. 말에게 물어봐요!" 어디로 가는지도 알지 못한 채 습관이라는 말을 타고 달리는 삶을 비유적으로 보여 주는 이야기다. 하지만 이제는 고삐를 잡아끌고 당신이 진정 원하는 곳을 향해 인생을 이끌어야 할 때다.

만약 지금까지 습관이 자동 조종 모드로 당신을 멋대로 움직이도록 살아왔다면, 이제는 행동의 이유를 정확히 이해하기 바란다. 그리고 습관의 노예에서 탈출하길 바란다. 물론 당신만 그런 것은 아니다. 심리학 연구에 따르면 우리가 느끼고 생각하고 행동하는 모든 것의 95퍼센트는 학습된 습관의 산물이니까! 본능은 선천적이지만, 습관은 그렇지 않다. 시간이 흐르면서 형성되는 것이다. 어린 시절부터 우리는 대부분의 상황에 대해 자동적으로, 아무 생각 없이 반응하게 만드는 일련의 '조건 반응'을 학습해 왔다.

일상생활의 '자동 모드'에도 분명한 장점이 있다. 아침 식사 준비하기, 아이들 등교시키기, 출근하기 등의 일상적인 모든 단계를 의식적으로 생각하고 행동해야 한다면 인간은 제대로 살 수 없을 것이다. 하루에 두 번 자동적으로 하는 양치질에 철학적인 논쟁이 개입될 여지는 없다. 그건 그저 하면 되는 일이다. 운전석에 앉자마자 안전벨트 매기? 재고의 여지가 있을 리 없다. 습관과 루틴 덕에 우리는 일상적인 일에 최소한의 의식 에너지만 사용할 수 있고, 또렷한 정신으로 대개의 상황을 합리적으로 다룰 수 있다. 또한 일상적인 일을 특별히 고민할 필요가 없으니 좀 더 창의적이고 깊은 생각에 정신 에너지를 집중할 수 있다. 이처럼 습관은 유용할 수 있다. 단, '좋은 습관'이어야 한다.

건강한 식생활을 하고 있다면, 그건 당신이 음식을 구입할 때든 식당에서 메뉴를 주문할 때든 건강한 습관을 들여 왔다는 얘기다. 또 건강한 신체를 지녔다면 아마 평소 규칙적으로 운동하기 때문일 것이다. 그리고 당신이 영업에서 성과를 거두고 있다면, 마음을 잘 관리하고 긍정적으로 자신과 대화하는 습관이 힘든 순간에도 긍정적인 태도를 유지하게 해 주기 때문일 것이다.

수많은 위대한 성취자, CEO, 슈퍼스타 들을 만나 함께 일해 왔기에 나는 이들 모두가 '좋은 습관'이라는 공통적인 특징을 가지고 있다는 점을 확실히 얘기할 수 있다. 그렇다고 그들에게 나쁜 습관이 없다는 뜻은 아니지만, 적어도 많지는 않다. 좋은 습관이 바탕이 된 일상적 루틴은 크게 성공한 사람과 그렇지 않은 사람을 구분하는 차별점이다. 잘 이해되지 않는다고? 앞에서 우리는 성공한 사람이라고 해서 다른 사람보다 반드시 더 똑똑하거나 재능이 많은 것은 아니라는 점을 이미 살펴봤다. 하지만 좋은 습관이 그들을 남들보다 더 많은 정보를 알고, 더 경쟁력을 갖추고, 더 전문적이며, 더 잘 준비된 사람으로 이끌어 주는 것이다.

어릴 적, 아버지는 내게 래리 버드Larry Bird를 예로 들면서 습관의 중요성을 가르치곤 했다. '전설의 래리Larry Legend'라는 별명을 가진 버드는 역사상 가장 위대한 프로농구 선수 중 하나로 알려져 있지만, 운동에 대한 재능이 가장 탁월하다고는 할 수 없었다. 누구도 그가 '우아하게' 플레이하는 선수라고는 하지 않을 것이다. 이렇게 선천적으로 타고난 운동 능력에 한계가 있었지만, 그럼에도 그는 소속팀 보스턴 셀틱스에 세 번이나 우승컵을 안겼고 가장 위대한 선수 반열에 올랐다. 어떻게 이런 일이 가능했을까?

그 비결은 바로 래리의 습관이었다. 그에게는 억척스러울 정도의 연습을 통해 경기력을 향상시키려는 집념이 있었다. 버드는 NBA 역사상 가장 안정적인 자유투 성공률을 기록한 선수였다. 어릴 적부터 그는 매일 아침, 등교 전에 자유투를 500번씩 던지는 습관을 유지했다. 이런 후천적인 노력 덕에 래리는 코트에서 소위 재능을 타고났다고 여겨지는 수많은 선수를 제압할 수 있었다.

래리 버드처럼 당신도 자동적이고 무의식적인 반응을 몸에 익혀 후천적인 챔피언이 될 수 있다. 이 장에서 우리는 선천적으로 부족한 부분을 훈련과 노력, 좋은 습관으로 보완하는 방법을 알아볼 것이다. 말하자면 '습관의 챔피언'이 되는 법에 관한 이야기다.

충분히 연습하고 반복하면, 좋은 행동이든 나쁜 행동이든 시간이 흐르면서 자동화된다. 즉, 습관이란 비록 무의식적으로 형성되긴 하지만, 습관을 바꾸려는 결심은 우리가 의식적으로 할 수 있다는 뜻이다. 당신이 가진 모든 습관은 결국 '배운' 것이기 때문에, 당신에게 도움이 되지 않는 습관을 버리는 것도 당연히 가능하다. 자, 준비됐는가?

즉각적 만족의 함정에서 빠져나와라

우리는 과자를 마음껏 먹는다면 절대 허리 라인이 날씬해질 수 없다는 걸 안다. 밤마다 TV 시청에 몇 시간씩 쓴다는 건 독서와

음악 감상에 쓸 시간이 그만큼 줄어든다는 이야기라는 것도 잘 안다. 멋진 운동화를 사는 것과 마라톤을 뛰는 일은 전혀 별개라는 것도 충분히 안다. 우리는 누구나 이성적인 사람들이니까. 그런데도 왜 그토록 나쁜 습관에 '비이성적으로' 속박돼 있는 걸까? 그 이유는 바로 우리를 생각 없이 반응하는 동물로 만드는 '즉각적 만족에 대한 욕구' 때문이다.

만약 햄버거를 한 입만 먹어도 즉시 심근 경색이 일어나 가슴을 움켜쥐며 바닥에 쓰러지게 된다면? 다시는 햄버거를 입에도 대지 않을 것이다. 담배 연기를 들이마시자마자 세상 풍파를 다 겪은 85세 노인의 얼굴로 변한다면? 다음에 누가 담배를 건네더라도 황급히 손사래를 칠 것이다. 오늘 거래처마다 전부 전화를 돌리지 않을 경우 바로 해고된다면, 당장 전화기를 집어 들수밖에 없을 것이다. 케이크를 한 입 먹자마자 몸무게가 50킬로그램 늘어난다면 너무나 쉽게 디저트를 거절할 수 있을 것이다.

문제는 나쁜 습관이 주는 보상이나 즉각적 만족이 장기적인 결과를 염려하는 이성적 사고를 자주 그리고 쉽게 압도한다는 점이다. 나쁜 습관대로 행동한다고 해서 당장에 어떤 부정적 효과가 일어나지도 않는다. 갑자기 심근 경색에 걸리지도, 얼굴이 쪼글쪼글해지지도 않으며, 실업자 신세로 전락하거나 뱃살이

터지지도 않는다. 그러나 당신이 눈치채지 못하고 있을 뿐, 이미 컴파운드 이펙트는 당신에게 부정적인 방향으로 작동 중인 것이다.

이제 정신 차릴 때가 왔다. 당신에게 붙은 습관이 당신의 인생을 끝없는 불행의 구렁텅이로 빠뜨릴 수 있음을 자각할 시간이다. 일상의 루틴을 약간만 조정해도 삶의 결과가 극적으로 바뀔 수 있다. 다시 말하지만, 당신의 특성, 성격, 혹은 인생 전체를 엄청나게 바꾸거나 완벽히 재정비해야 한다는 이야기가 아니다. 아주 작고, 언뜻 하찮아 보이는 조정調整만 가해도 당신의 삶에 일대 혁명이 일어날 수 있다.

'작은 조정의 힘'을 보여 주는 사례로 내가 가장 즐겨 사용하는 예시는 로스앤젤레스에서 뉴욕까지의 비행기 여행이다. 비행기의 머리가 항로에서 1퍼센트 벗어나 있다면, 로스앤젤레스 공항 활주로에서는 비록 전혀 눈에 띄지 않겠지만, 나중에는 결국 항로에서 150마일이나 벗어나 엉뚱하게도 뉴욕 북쪽의 올버니Albany나 남쪽의 델라웨어주 도버Dover에 이르게 된다. 습관도 마찬가지다. 당장은 대단치 않아 보이는 잘못된 습관 하나일지라도, 당신이 염원하는 목표를 향한 경로에서 당신을 크게 이탈시킬 수 있다. 다음 그림처럼 말이다.

아주 작은 변화의 힘

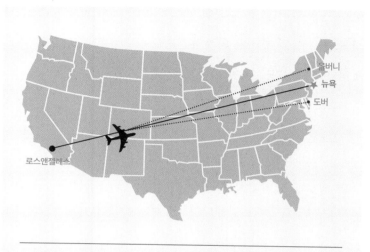

그림 6

작은 조정의 힘: 경로가 1퍼센트만 바뀌어도 나중에는 원래 목적지로
부터 150마일이나 이탈하게 된다.

사람들은 대개 자신이 무엇을 원하는지, 그 목표에 어떻게
이를 것인지를 구체적으로 규명하는 데 의식적인 에너지를 많
이 쏟지 않고, 그저 물 위를 부유하듯이 인생을 살아간다. 내가
원하는 건 당신에게 열정을 불태우는 방법을 보여 주고 당신의
멈출 수 없는 창의력이 오랜 꿈과 염원을 향하도록 돕는 일이다.
하지만 이미 확고하게 자리 잡은 나쁜 습관을 뽑아내는 건 고되

고 어려운 일이다. 이 과정을 끝까지 참아 내려면 강한 결심 이
상의 뭔가가 필요하다. 의지력만으로는 나쁜 습관을 끊어 내지
못한다는 얘기다.

당신은 왜 변하고 싶은가

습관 변화에 의지력이 필요하다고 믿는 건 굶주린 곰으로부터
소풍 바구니를 지켜 내기 위해 그 위에 냅킨을 덮어 두는 것과
다를 바 없다. 나쁜 습관이라는 억센 곰과 맞서 싸우려면 냅킨보
다 더 강력한 도구가 필요하다.

　목표가 잘 달성되지 않을 때 우리는 흔히 의지력 부족을 탓
한다. 하지만 나는 생각이 다르다. 원래부터 의지력만으로는 충
분하지 않았던 것이다. 당신이 새롭게 선택한 긍정적 목표에 자
신을 일치시키려면 무엇이 필요할까? 무엇이 자동적으로 나쁜
습관에 빠지지 않게 해 줄 수 있을까? 과거의 실패를 반복하지
않기 위해서는 무엇이 있어야 할까? 그 무엇이 갖춰지지 않은
상태라면, 약간의 불편함만 느껴져도 당신은 곧장 과거의 편안
한 루틴으로 되돌아가고 싶은 충동에 휩싸일 것이다.

　의지력으로 이겨 내려 했지만 결국 실패한 적이 예전에도

있지 않은가? 굳게 결심해 봤지만 어느새 흐지부지되지 않았나? 이번엔 반드시 살을 빼겠다, 성과를 내겠다는 생각은 이전에도 다 해 봤을 것이다. 무모한 시도는 이제 그만두자. 그보다는 더 나은 결과를 얻을 수 있는 다른 방법에 도전할 때다.

우선 의지력은 잊어라. 대신 '와이-파워why-power'를 찾아라. 당신의 선택이 의미를 가지려면 반드시 당신의 꿈과 염원에 연결되어야 한다. 당신의 목적, 핵심 자아, 당신이 생각하는 최고의 가치와 일치하는 선택을 내리는 것이 동기부여에 탁월한 효과가 발휘되도록 하는 가장 현명한 방법이다. 당신이 뭔가를 원하고 있다면, 그것을 원하는 '이유why'를 알아야만 한다. 그렇지 않으면 쉽게 포기하고 말 것이다.

자, 그럼, 당신의 '와이why'는 무엇인가? 자신의 삶에 중대한 변화를 불러일으키고 싶은 이유를 알아야 한다. 그리고 변화를 향해 스스로를 떠밀고자 한다면 당신의 '와이'는 당신을 움직이게 하는 멋진 동기여야만 한다. 당신이 자리를 박차고 일어서고 난 뒤 몇 년이 흘러도 달리고, 달리고, 또 달리고 싶게끔 만들어야 한다! 대체 그것은 무엇인가? 자신의 '와이'를 찾아내는 일이 무엇보다 중요하다. 그것이 바로 열정의 발화점, 열광의 근원, 인내의 연료이기 때문이다. 자신의 '와이'를 찾는 일에서부터 모든 것이 시작된다.

모든 것을 가능하게 만드는 힘

'와이'의 힘은 당신이 대단히 어렵고 따분하고 고된 일들을 견디게 해 준다. '와이'가 충분히 강력해야만 '하우how'도 비로소 의미를 가지게 된다. 욕망과 동기가 제자리를 잡지 않는다면 더 나은 삶을 향한 새로운 경로를 찾을 이유가 없기 때문이다. 만약 와이-파워, 즉 당신의 욕구가 충분하지 않다면, 새로운 삶을 향해 헌신하고자 하는 용기가 충분하지 않다면, 결국 당신은 새해에 굳은 결심을 세웠다가도 작심삼일에 그치는 사람, 나쁜 선택만 내리면서 어떻게 살아야 할지 갈피를 잡지 못하는 사람에 머물 가능성이 크다. 쉽게 이해할 수 있도록 한 가지 비유를 들어보겠다.

만약 내가 폭 30센티미터, 길이 10미터짜리 판자를 땅에 던져 놓고 당신에게 "이 판자 위를 처음부터 끝까지 걸으면 20달러를 주겠소"라고 한다면 내 말에 따르겠는가? 물론 그럴 것이다. 너무나 쉽게 20달러를 당신의 것으로 만들 수 있다. 하지만 내가 똑같은 판자를 100층짜리 건물 옥상 사이에 다리처럼 걸쳐

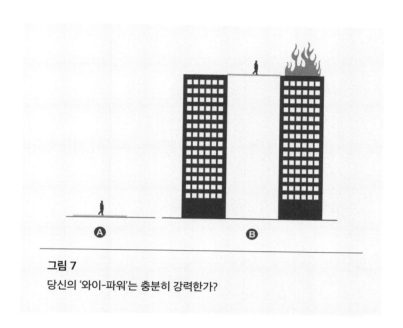

그림 7
당신의 '와이-파워'는 충분히 강력한가?

놓는다면 어떻게 하겠는가? 똑같은 거리에 같은 보상이 주어진 다고 해도, 그 위를 걷고 싶지도 않을 테고, 가능해 보이지도 않을 것이다. 당신은 날 째려보며 말할 것이다. "당신 같으면 하겠소?"

하지만 당신의 자녀가 건너편 건물에 있는데 그 건물에 화재가 났다면 어떨까? 아무 고민 없이 즉시 판자 위를 달려가 아이를 구하지 않겠는가? 20달러를 받든 그렇지 않든 말이다.

처음에 건물 꼭대기에 걸쳐진 판자를 걸어가 보라고 할 때는 절대 안 된다고 하던 당신이 왜 두 번째 상황(자녀가 불이 난 건물에 있을 때)에서는 주저하지 않을까? 위험한 정도는 똑같은데 무엇이 달라졌는가? 바로 당신의 '와이'가 달라졌기 때문이다. 이처럼 이유가 충분히 강력하다면 당신은 어떻게든 행동에 나서게 된다.

진심으로 잠재적 창의력과 내면의 욕구에 불을 붙이려면, 금전적 이익과 물질적 목표 너머를 볼 줄 알아야 한다. 이런 동기들이 나쁘다는 뜻은 아니다. 충분히 대단하고 훌륭하다. 하지만 물질적 동기는 당신의 심장, 영혼, 육감을 진정한 싸움으로 인도하지 못한다. 그런 싸움에 뛰어들기 위한 열정은 좀 더 깊은 곳으로부터 우러나와야 한다. 아무리 빛나는 보석을 손에 넣을 수 있다고 한들 행복과 성취감이라는 진정한 보상을 얻을 수는 없기 때문이다.

성과 코치이자 작가인 토니 로빈스는 나와의 인터뷰에서 이렇게 말했다. "저는 업계의 거물들이 자신의 궁극적 목표를 달성했음에도 불구하고 여전히 불안과 초조함, 공포 속에서 산다는 사실을 알게 됐습니다. 그토록 성공한 사람들이 대체 무엇 때문에 행복하지 못한 걸까요? 바로 성취감이 아니라 성과 자체에만 초점을 맞춰 왔기 때문입니다. 아무리 엄청난 업적을 이뤘다고 해도 기쁨, 행복, 사랑, 의미를 보장하지 못합니다. 성취감이 배제된 성공은 실패나 다름없다고 저는 생각합니다."

전적으로 동의한다. 단지 성공을 추구하는 것만으로는 충분하지 않은 이유가 여기에 있다. 당신의 핵심 동기를 찾고 '초능력'을 작동시키려면 그보다 더 깊은 곳을 파고들어야 한다. 바로 당신의 와이-파워를!

절대 포기할 수 없는 가치를 찾아라

와이-파워에 이르고자 한다면 자신의 정체성과 자신의 지향점을 규정하는 '핵심 가치core values'를 통해야 한다. 당신의 핵심 가치는 내면의 나침반이자 어둠 속에서 당신을 안내하는 불빛이며 당신만의 GPS다. 핵심 가치는 당신이 의도한 목적지로 당신을 인도하기 위해 삶의 수많은 욕구, 필요, 유혹을 걸러 내는 필터 역할을 해 준다. 자신의 인생을 원대한 비전으로 향하게 만들려면 핵심 가치를 설정하고 적절히 보정하는 단계가 가장 중요하다.

자신의 핵심 가치를 명확히 설정해 놓지 않았다면, 자신이 원하는 것과 반대되는 선택을 자주 내리고 있을 가능성이 크다. 예를 들어, '정직'이 당신에게 매우 중요한 가치인 경우, 만약 거짓말을 일삼는 친구와 어울린다면 갈등이 발생한다. 자신의 행동이 자신이 추구하는 가치와 충돌한다면 불행과 좌절을 느끼고 실의에 빠지고 말 것이다. 실제로 심리학자들의 말에 따르면 행동이 가치와 일치되지 않을 때 가장 큰 스트레스가 발생한다.

자신의 핵심 가치를 규정하면 삶을 좀 더 단순하고 효율적으로 만드는 데도 도움이 된다. 핵심 가치가 확실하면 의사 결정 또한 더 쉬워진다. 선택을 내려야 할 때 스스로에게 물어라. "이것이 나의 핵심 가치와 일치하는가?" 그 답이 '예스'라면 그대로 선택하라. 일치하지 않는다면 등을 돌리고 절대 뒤돌아보지 마라. 초조함과 망설임이 사라질 것이다.

무엇에 맞서 싸우는지 확인하라

동기란 원하는 것 혹은 원치 않는 것에 의해 만들어진다. 사랑은 동기를 일으키는 강력한 원천이다. 증오 또한 그렇다. 사회적 통념과는 반대로 증오도 좋게 활용될 수 있다. 질병에 대한 증오, 불평등에 대한 증오, 무지에 대한 증오 등이 그렇다. 때로는 적

아주 작은 변화의 힘

을 규명함으로써 자신의 앞길을 밝힐 수 있다.

내 경우 가장 강력했던 동기는 싸워야 할 적이 존재할 때 발생했다. 역사적으로도 대부분의 전환적 변화와 정치적 변혁은 적과 맞선 결과로 일어났다. 다윗에게는 골리앗이라는 적이 있었고, 미국은 영국과 맞서면서 발전했으며, 〈스타워즈〉에서 루크는 다스 베이더에 맞섰고, 록키에게는 아폴로 크리드라는 숙적이 있었다. 20대 청년들은 기득권자에 대항하고, 민주당은 공화당과 맞서 왔고, 애플에게는 마이크로소프트가 있었다. 이외에도 수많은 사례들이 존재한다.

적은 우리에게 당당하게 맞설 용기를 부여한다. 적과의 싸움은 당신의 기술, 특징, 결심을 시험대에 올린다. 그리고 자신의 재능과 능력을 평가하고 단련하도록 강제한다. 동기를 유발시키는 싸움이 없다면 우리는 게을러지고 뚱뚱해질 것이며, 강점과 목적을 잃게 될 수 있다.

내가 코칭했던 고객 중에는 자신의 와이-파워가 그다지 숭고하지 않은 목표에서 비롯됐다고 걱정하는 사람들이 있었다. 이들은 자신에게 부정적인 말을 쏟아 냈던 비관론자들이 틀렸다는 걸 증명하고 싶다거나, 경쟁자를 물리치고 싶다거나, 평생 자신을 짓눌러 온 형제를 눌러 버리고 싶다는 마음에 대해 죄책감을 느꼈다. 그러나 법적으로 또 도덕적으로 문제가 없는 한, 동기의 종류는 전혀 중요하지 않다. 당신의 동기가 반드시 원대하고 인도주의적인 이유여야 할 필요는 없다는 얘기다. 당신에게 동기가 충분할 만큼 부여되어 있는지 여부가 더 중요하다. 때로는 부정적 감정이나 경험에서 비롯된 동기가 오히려 더 강력하고 성공적인 결과를 낳는 경우가 있다.

역사상 가장 뛰어난 미식축구 감독인 피트 캐럴Pete Carroll의 사례가 증명해 준다. 캐럴은 자신이 어린 시절 가졌던 동기에 대해 다음과 같이 설명했다. "어렸을 때 저는 보잘것없었죠. 덩치가 너무 작아서 한계가 있었습니다. 제가 어느 정도 다른 선수와 경쟁할 수 있기까지 2년이란 세월이 걸렸습니다. 그러는 동안 저는 훨씬 더 나아져야 한다는 점, 그리고 제가 더 나아졌다는 사실을 증명하기 위해 싸워야 한다는 점을 줄곧 자신에게 상기시켰어요. 그러다 제가 '특별'해질 수 있다는 데까지 생각이 미치자 솔직히 아주 당황스럽기까지 했죠." 싸움에 대한 캐럴의 욕구는 마침내 그에게 위대한 결과를 가져다주었다.

명배우 앤서니 홉킨스와의 인터뷰에서 나는 그의 놀라운 재능과 결단이 분노의 열매였다는 사실에 크게 놀랐던 적이 있다. 홉킨스는 자신이 난독증과 주의력 결핍 과잉 행동 장애ADHD라는 문제를 가진 끔찍한 학생이었다고 고백했다. 그에게는 늘 '문제 학생'이라는 꼬리표가 따라다녔다. "저는 부모님의 골칫거리였죠. 오직 학업만이 중요했던 시기였기 때문에 그 외에는 따로 미래를 그릴 수가 없었어요. 하지만 제게는 선생님들의 가르침을 이해할 능력이 없는 것만 같았습니다. 반면 제 사촌들은 죄다 똑똑했어요. 분한 마음이 가득했고 온 사회가 저를 거부하는 것만 같아 너무 우울했습니다."

홉킨스는 자신의 분노를 이용했다. 그리고 그 분노는 학교생활 밖에서의 성공을 위해 싸울 수 있는 추진력이 되었다. 자신에게 연기자로서의 한 가닥 재능이 있음을 깨닫게 된 그는 자신에게 따라붙는 꼬리표와 그로 인한 분노를 연기력 향상을 위한 연료로 활용했다. 오늘날, 홉킨스는 가장 위대한 배우 중 한 사람으로 인정받는다. 자신이 얻은 명성과 행운을 바탕으로 그는 약물 남용의 덫에 맞서고 환경 문제 해결에 함께 나서자고 수많은 사람들에게 독려하고 있다. 비록 숭고한 이유로 시작되지는 않았지만, 그의 싸움은 분명 가치 있는 것이었다.

선택은 우리 각자의 몫이다. 결과만을 가지고 애초의 가능성, 운명, 타인을 비난하지 않음으로써 누구나 선택에 대한 통제권을 되찾을 수 있다. 모든 변화를 유발시키는 능력은 우리들 각자의 내부에 있다. 과거의 아픈 경험이 에너지를 약화시키고 성공을 방해하도록 놔두기보다는, 그 경험을 바탕으로 긍정적이고 건설적인 변화에 동력을 공급하도록 활용할 수 있는 것이다.

목표 설정이 중요한 이유

앞서도 말했듯, 컴파운드 이펙트는 항상 작동하며, 당신을 어딘가로 인도할 것이다. 여기서 중요한 것은 그 목적지가 어디냐이다. 당신은 컴파운드 이펙트의 거침없는 힘을 활용해 성장할 수 있다. 다만 어디로 가고 싶은지 아는 게 우선이다. 당신이 바라는 목표, 꿈, 목적지는 무엇인가?

　나의 또 다른 멘토인 폴 마이어Paul Meyer의 장례식에 참석했을 때, 그가 살면서 이뤄 낸 다양한 업적을 새삼 느낄 수 있었다. 그는 그 누구보다도 더 크게 성취했고, 더 넓게 경험했으며, 사회에 더 많이 기여했다. 그의 죽음으로 인해 나는 내가 설정한 목표의 크기와 범위를 재평가하게 됐다. 만약 폴이 살아 있다면 내게 이렇게 얘기했을 것이다. "자네가 이루고 싶어 하고 또 이룰 능력이 있음에도 불구하고 그 일에 진전이 없다면, 그건 목표가 분명하게 설정되지 못한 탓이라네." 또한 생전에 폴이 남긴

말 중에는 우리에게 목표의 중요성을 상기시켜 주는 표현이 있다. "생생하게 상상하고, 열렬히 희망하며, 진심으로 믿고, 적극적으로 실천한다면, 그 일은 반드시 실현된다!"

내 인생을 풍요롭게 해 준 핵심 기술 중 하나는 목표를 효과적으로 설정하고 달성하는 방법이다. 잘 설정된 목표에 창의력을 조직화하여 집중시킬 때 마법이 벌어진다. 나는 그간 세계에서 가장 큰 성공을 거둔 사람들의 비결이 '비전 설계'에 있음을 수없이 많이 지켜봐 왔다. 명확하고 강렬하며 불타오르는 '와이'를 가진 사람이라면, '하우'의 최고수를 대적하더라도 언제나 이길 것이다.

목표 설정의 시크릿

당신은 오직 당신이 찾는 것만을 보고, 경험하고, 얻을 수 있다. 무엇을 찾고 싶은지 알지 못한다면, 결코 얻지 못할 것이다. 인간은 천성적으로 목표를 추구하는 생물이다. 우리의 뇌는 내면세계의 지각과 기대에 외부세계를 일치시키려고 한다. 따라서 당신이 원하는 대상을 찾으라고 뇌에 지시를 내려야 비로소 그 대상을 볼 수 있다. 설사 당신이 원하는 대상이 늘 당신 주위를 맴

돌고 있었더라도, 그 점을 알아차릴 만큼 당신의 마음과 눈이 충분히 열려 있지 못했을 수 있다. 이것이 바로 '끌어당김의 법칙Law of Attraction'이 실제 작동하는 원리다. 때로는 비밀 종교의 기도문처럼 들릴지 모르지만, 그보다 훨씬 단순하고 실용적이다.

매일 시각, 청각, 촉각 등의 감각 기관을 통해 수십억 바이트의 정보가 우리에게 집중포화를 퍼붓는다. 제정신을 유지하기 위해 우리는 그런 정보 중 99.9퍼센트는 무시하고, 우리의 마음이 집중하는 것만 보고 듣고 경험한다. 그렇기 때문에 당신이 뭔가를 떠올리면, 그것이 놀랍게도 당신의 삶에 각인되는 것이다. 이미 존재했던 것이지만 이제야 비로소 당신이 그 대상을 인식하게 된다. 그리고 그것을 당신의 삶으로 끌어당긴다. 그 대상을 인식하는 데 생각을 집중하고 마음을 이끌어야만 전에는 보이지 않았던 것에 접근할 수 있다. 이 과정은 미스터리와는 거리가 멀다. 사실은 매우 논리적인 과정이다. 이렇게 새로운 관점을 가지는 순간, 당신의 무엇을 생각하든지 그 생각에 초점이 맞춰지고 갑자기 환하게 보이기 시작한다.

진실이기 때문에 진부한 사례를 하나 들어 보자. 당신이 특정 모델의 자동차를 구입하기로 결정했는데, 그때부터 갑자기 어디서든 그 모델만 눈에 잘 띈 적이 있지 않은가? 어느 순간 갑

아주 작은 변화의 힘

자기 수만 대가 도로 위로 쏟아져 나온 듯이 말이다. 물론 그런 일은 없다. 그 모델은 내내 주변에 존재하고 있었지만, 이제껏 당신이 관심을 두지 않았을 뿐이다. 이처럼 당신이 관심을 가져야만 비로소 그 대상이 '존재'할 수 있다.

목표를 설정한다는 것은 당신이 찾아야 하고 집중해야 할 새로운 대상을 뇌에게 알려 주는 일이다. 당신의 마음에 당신을 둘러싼 모든 사람, 상황, 대화, 자원, 아이디어와 창의성을 바라볼 새로운 시야를 선사하는 셈이다. 이 새로운 관점(내면의 나침반)을 통해 당신의 마음은 외부 환경을 당신이 진정 원하는 목표에 일치시키려 한다. 간단하지 않은가? 목표를 명확하게 설정하면, 당신이 세상을 경험하는 방식, 그리고 아이디어, 사람, 기회를 당신의 삶으로 끌어당기는 방식이 예전과는 극명히 달라지는 것이다.

나와의 인터뷰에서 브라이언 트레이시는 이렇게 말했다. "정상급 인재들은 아주 분명한 목표를 가지고 있습니다. 자신이 누구인지, 무엇을 원하는지 잘 알고 있죠. 그것을 종이 위에 적고 달성하기 위한 계획을 세웁니다. 반면 성공하지 못하는 사람들의 목표는 통 속에서 달그락거리는 구슬처럼 머릿속을 맴돌 뿐입니다. 표현되지 못하는 목표는 공상에 불과하죠. 누구나 공상을 즐기지만, 그건 총알이 없는 총이나 마찬가집니다. 사람들은 흔히 목표를 적지도 않고 삶을 헤쳐 가려 하지만, 그건 입으로 '탕!' 하고 총소리를 내는 것과 같아요. 목표를 종이 위에 적는 것에서부터 출발해야 하는 겁니다."

지금 당장 시간을 내어 당신에게 가장 중요한 목표들을 적어 보라. 비즈니스나 금전적 목표뿐 아니라 삶의 모든 측면을 고려해 보기 바란다. 자칫 잘못하여 다른 측면을 모두 배제하고 한 가지 측면에만 지나치게 높은 비중을 두지 않도록 조심하라. 당신 인생 전반의 성공을 추구하라. 비즈니스, 돈, 건강, 행복, 마음의 평화, 가족, 인간관계, 라이프 스타일 등 당신에게 중요한 모든 삶의 측면들 사이에서 균형을 맞추는 데 집중하라.

당신이 되어야 할 사람은 어떤 모습인가

새로운 목표를 설정하고 난 뒤, 사람들은 대개 이렇게 묻는다.

"좋아, 이제 목표가 생겼어. 그런데 이 목표를 달성하려면 무엇을 해야 하지?"

나쁜 질문은 아니지만, 맨 처음으로 던져야 할 질문은 아니다. 스스로에게 물어야 할 첫 번째 질문은 "어떤 사람이 돼야 할까?"여야 한다. 아마 당신 주변에는 모든 걸 똑바로 실천한 듯 보이지만 원하는 결과를 달성하지 못한 사람이 있을 것이다. 그들이 실패한 이유는 뭘까? 나의 멘토 짐 론은 이렇게 가르쳤다. "만약 더 많이 가지고자 한다면, 자네가 그에 걸맞은 사람이 되어야 하네. 성공은 뒤쫓는다고 얻을 수 있는 게 아냐. 쫓아가면 교묘히 빠져나가기 마련일세. 나비를 쫓아가듯 말이지. 먼저 성공을 얻을 수 있는 사람이 되어야 성공을 끌어당길 수 있는 거라네."

이 말의 참뜻을 깨닫고 나는 감탄하지 않을 수 없었다. 내 개인적 성장의 경로를 뒤바꾼 조언이었다. 인생의 반려자를 찾아 결혼할 준비가 됐다는 생각이 들었을 때, 나에게 완벽한 여자는 어떤 사람인지 긴 목록을 작성했던 적이 있다. '그녀'의 개성, 성격, 특징, 태도, 인생 철학뿐 아니라 집안 환경, 문화적 취향, 신체 조건, 심지어 머리카락의 감촉에 이르기까지 내 이상형을 구체적으로 늘어놓고 나니 수첩 40쪽이 순식간에 꽉 찼다. 거기다 그녀와 함께하는 삶이 어떤 모습일지, 어떤 일을 해 나갈지 등을 세세히 적었다.

그런데 만약, 그 순간에 "이런 여자를 찾아서 결혼하려면 나는 앞으로 무엇을 해야 할까?"라고 나 자신에게 물었다면, 지금도 여전히 나비를 뒤쫓고 있을지도 모른다. 하지만 나는 그 대신, 내가 작성한 목록을 들춰 보면서 그 속성들을 나 또한 구현하고 있는지 자문해 봤다. "내 미래의 배우자에게 기대하는, 그런 속성을 과연 나는 가지고 있는가?" 또 이렇게 물어봤다. "이런 여자가 있다면, 어떤 남자를 만나고 싶어 할까? 이런 여자가 내게 매력을 느끼려면, 나는 어떤 사람이 되어야 할까?"

이렇게 '내가 되고 싶은 사람'의 성격, 특징, 행동, 태도 등을 서술하면서 수첩 40쪽을 더 채웠다. 그리고 그런 사람이 되기 위해 부단히 노력했다. 그 결과는 어땠을까? 효과 만점이었다! 마치 내 수첩을 그대로 옮겨다 놓은 듯한 그녀가 내 앞에 나타났던 것이다! 내 아내, 조지아는 내가 꿈꾸던 이상형이 놀라울 만큼 거의 그대로 재현된 사람이다. 내가 원하는 여자의 관심을 끌고 내 사람으로 만든 비결은, 내가 어떤 사람이 되어야 하는지를 명확히 설정하고 그런 사람이 되기 위해 노력한 데 있었다.

목표는 어떻게 달성되는가

자, 이제 당신이 결심한 목표를 달성하기 위한 '실천doing' 프로세스를 계획해 보자. 어떤 경우에는 '중단STOP-doing' 프로세스가 될 수도 있다.

당신과 목표 사이에는 행동behavior이 놓여 있다. 무엇을 중단해야 컴파운드 이펙트가 당신을 망가뜨리지 않도록 할 수 있을까? 마찬가지로, 당신의 궤도를 당신에게 가장 이로운 방향으로 바꾸려면 무엇을 행동에 옮겨야 할까? 다시 말해, 어떤 행동과 습관을 당신의 삶에 대해 추가하거나 제거해야 할까?

당신의 삶은 다음의 공식으로 정리될 수 있다.

선택(결정) + 행동(실천) + 습관(실천 반복) + 컴파운드 이펙트(시간)
= 목표 달성

목표에 이르는 길을 막는 행동과 목표를 달성하는 데 도움이 되는 행동을 반드시 정의해야 하는 이유가 이 공식에 있다.

아마 당신은 지금껏 자신의 나쁜 습관을 잘 관리해 왔다고 생각할지 모르지만, 그 생각이 틀렸다는 걸 나는 쉽게 증명할 수 있다. 이때도 역시 앞서 언급했던 추적하기 전략이 큰 효과를 발휘한다. 당신은 매일 자신이 TV를 실제 몇 시간씩 시청하는지 알고 있는가? 뉴스 채널이나 스포츠 채널에서 타인의 성취와 업적을 챙겨 보느라 얼마의 시간을 보내는지 아는가? 자신이 탄산음료를 얼마나 마시는지 알고 있는가? 또 소셜 미디어를 뒤적이는 일에는 대체 얼마나 많은 시간을 보내고 있는가? 앞 장에서 강조했듯이, 당신이 가장 먼저 해야 할 일은 자신이 어떻게 행동하고 있는지를 제대로 인식하는 것이다. 당신이 그 일을 깜빡하고 엇나가게 만든 무의식적인 나쁜 습관은 어디에서 시작됐을까?

얼마 전, 내가 참여 중인 비영리 단체 이사회의 임원 한 명이 자신의 생산성을 향상시켜 달라며 나를 멘토로 고용했다. 물론 이미 대단한 성공을 거둔 뛰어난 인물이었지만, 코칭을 잘 받으면 성과와 시간 관리를 최적화할 수 있다고 여겼기 때문이었다. 그에게 일주일간 모든 행동을 추적하도록 시킨 결과, 나는 한 가지 행동이 너무 자주 반복된다는 사실을 발견했다. 그는 뉴스를 보는 데 엄청난 시간을 쓰고 있었다. 아침에 신문을 45분 동안 읽고, 라디오 뉴스를 출근길과 퇴근길에 각각 30분씩 들었다. 또 일과 중에도 온라인 뉴스를 몇 번이고 체크하느라 적어도 30분을 썼으며, 퇴근 후 가족과 시간을 보낼 때도 뉴스 채널을 최소한 15분은 지켜봤다. 이후에도 스포츠 뉴스를 보는 데 30분을 썼고, 마지막으로 마감 뉴스를 30분 동안 챙겨 본 후에야 잠자리에 들었다.

이 시간을 모두 더해 보니, 그가 매일 뉴스를 읽고, 보고, 듣는 데 들이는 시간이 무려 3.5시간에 달했다! 그의 직업은 경제

학자나 무역업자도 아니었고, 최신 뉴스에 목숨을 걸어야 하는 일과는 거리가 멀었다. 그러나 그가 신문이나 라디오와 TV의 뉴스 프로그램에 들이는 시간은 현명한 유권자나 훌륭한 시민이 되는 데 필요한 분량을 훨씬 초과했다. 개인적 관심사를 충족시키려는 목적이라고 해도 도가 너무 지나쳤다. 사실, 그는 자신이 내린 선택 때문에 별 가치 없는 정보만을 습득하고 있었다. 아니, 사실상 제대로 선택하지 않고 있는 상태나 마찬가지였다. 대체 그는 왜 뉴스에 하루 네 시간씩을 소비하고 있었을까? 그게 습관이었기 때문이다.

나는 그에게 당장 TV와 라디오를 끄고 신문 구독을 취소하라고 조언했다. 그리고 뉴스 제공 사이트를 한 군데만 설정하여 자신의 사업과 호기심 충족에 중요한 뉴스만을 골라 받으라고 주문했다. 그러자 마음을 어지럽히고 시간을 잡아먹는 잡음 중 95퍼센트가 즉시 사라졌다. 그는 이제 하루 30분만 들여도 자신에게 중요한 소식 전부를 훑어볼 수 있다. 또한 그 덕택에 매일 출근 전 아침 45분, 퇴근 후 저녁 45분씩을 운동, 독서, 취미 생활, 계획, 준비, 가족과의 여가 등 생산적인 활동에 쓸 수 있게 됐다. 그는 내게 전보다 스트레스도 덜 받고(부정적 뉴스에 지속적으로 노출되면 불안감이 가중된다) 직감과 집중력이 향상됐다고 얘기한다. 하나의 작고 단순한 습관 변화가 인생의 균형을 회복시켜 주고 생산성을 끌어올려 준 것이다!

자, 이제 당신 차례다. 수첩을 꺼내 자신에게 가장 중요한 목표 세 가지를 적어라. 그런 다음 각 목표를 향한 진전을 방해할 수 있는 나쁜 습관들을 목표 아래에 적어라. 단 하나도 빼놓지 말고 모두 써야 한다.

습관과 행동은 절대 거짓말을 하지 않는다. 만약 당신의 말과 당신의 행동이 서로 일치하지 않는 경우, 나는 항상 당신의 행동을 믿을 것이다. 당신이 내게 말로는 "건강해지고 싶다"고 하면서 손가락에 과자 부스러기가 남아 있다면, 나는 당신의 말보다 그 과자 부스러기를 더 신뢰할 것이다. 자기계발이 최우선이라고 말하면서 도서관보다는 게임기 앞에서 더 많은 시간을 보내고 있다면, 역시 당신의 말보다 게임기를 더 신뢰할 것이다. 자기 일에 책임질 줄 아는 전문가라고 말하면서 제대로 준비도 되지 않은 상태로 현장에 늦게 나타난다면, 당신은 자신의 행동에게 배신당하고 있는 셈이다. 가족이 1순위라고 말하면서도 일정표에 가족을 위한 시간이 없다면, 당신의 그 말은 사실이 아닌 것이다. 당신이 방금 작성한 나쁜 습관 목록을 들여다보라. 바로 그것이 당신이 실제 어떤 사람인지를 알려 주는 진실이다. 이제

아주 작은 변화의 힘

그 상태로도 괜찮은지, 아니면 정말 변화를 원하는지, 당신이 결정하라.

그런 다음, 새롭게 받아들이고 실천하여 컴파운드 이펙트를 적용해야 할 습관들을 그 목록에 추가하라. 이후 당신을 영광스러운 목표 달성으로 이끌어 줄 습관들 말이다.

이 목록을 작성하는 이유는 비판이나 후회로 에너지를 소모하려는 게 아니다. 당신이 무엇을 개선하고자 하는지, 냉철하게 바라보라는 것이다. 하지만 여기서 멈춰서는 안 된다. 방해가 되는 나쁜 습관들을 뿌리 뽑고, 대신 새롭고 긍정적이며 건강한 습관들을 그 자리에 심는 작업이 필요하다.

나쁜 습관을 없애는 다섯 가지 방법

습관은 학습을 통해 배우는 것이니, 학습을 통해 되돌릴 수도 있다. 인생을 새로운 방향으로 이끌어 가고자 한다면, 먼저 당신을 구속하는 나쁜 습관의 닻을 뽑아내야 한다. 여기서 열쇠는 '와이-파워'를 강력하게 키워서 즉각적 만족의 충동을 압도하는 것이다. 그리고 이를 위해서는 새로운 전략이 필요하다. 다음은 게임의 판도를 바꾸고자 할 때 내가 즐겨 사용하는 테크닉들이다.

1 당신을 움직이는 트리거를 찾아라

나쁜 습관들의 목록을 살펴보라. 그리고 그런 습관들 각각을 촉발하는 요인, 즉 트리거trigger를 찾아라. 누가, 무엇이, 언제, 어디서, 그 나쁜 행동을 유발하는지 규명하라.

□ 누구와 같이 있을 때 과음을 할 가능성이 높은가?

□ 단것을 먹지 않고는 참을 수 없는 특정 시간대는 언제인가?

□ 스트레스, 피로, 분노, 초조함, 지루함 등 중에서 최악의 습관을 유발하는 감정은 무엇인가?

□ 그 감정을 언제, 누구와 함께할 때, 어디에 있을 때, 무엇을 할 때 느끼는가?

□ 나쁜 습관을 드러내도록 만드는 상황은 무엇인가? 운전할 때? 성과 평가를 눈앞에 뒀을 때? 시댁이나 처가를 방문할 때? 회의를 하기 전에? 사교 모임에서? 몸 상태가 좋지 않을 때? 마감일이 다가올 때?

□ 자신의 루틴을 상세히 들여다보라. 아침에 일어날 때 어떤 말로 하루를 시작하는가? 언제 커피를 마시고 점심을 먹는가? 퇴근해서 집에 도착하는 시간은 몇 시인가?

아주 작은 변화의 힘

다시 수첩을 꺼내 나쁜 습관을 당기는 트리거를 적어 보라. 이 간단한 실천이 당신의 의식 수준을 기하급수적으로 높여 줄 것이다. 물론 이걸로 문제가 다 해결되지는 않는다. 앞서도 살펴봤듯이, 나쁜 습관에 대해 잘 아는 것만으로는 그 습관을 끊을 수 없다.

2 집을 청소하라

이 테크닉에는 말 그대로 집을 쓸고 닦으며 청소하라는 의미와, 비유적인 의미가 동시에 담겨 있다. 당신의 목표가 술을 끊는 것이라면, 단 한 방울의 술도 집에 남겨 두지 마라. 술뿐만 아니라 술잔, 술과 관련된 장식품, 칵테일에 넣을 올리브까지도 전부 없애 버려라. 커피를 끊고 싶다면 커피 머신을 치워 버리고, 남은 원두는 늘 졸음을 달고 사는 이웃에게 선물하라. 지출을 줄이고자 한다면, 따로 날을 잡아 우편함이나 이메일 받은편지함으로 날아오는 카탈로그와 광고 이메일의 수신을 거부하라. 그러면 집 밖으로 나와 재활용품 수거함까지 걸어가는 수고를 하지 않아도 된다. 건강한 식생활을 바란다면, 찬장에 쌓여 있는 형편없는 음식들을 죄다 버리고 인스턴트 식품의 구매를 중단하라. '당신이 인스턴트 음식을 먹지 않는다는 이유로 다른 가족

들까지 못 먹게 하는 것은 공평하지 않아'라는 주장에 휘둘리지 마라. 그런 음식이 없다면 가족 모두의 상태가 더 좋아질 테니, 아예 집에 들이지 않는 게 상책이다. 나쁜 습관을 일으키는 것이라면, 무엇이든 없애 버려라.

3 다른 습관으로 대체하라

나쁜 습관 목록을 다시 들여다보라. 자신에게 더는 해롭지 않도록 만들려면 어떤 습관으로 바꿔야 할까? 좀 더 건강한 습관으로 바꾸거나, 그런 습관 자체를 아예 없애버릴 수 있을까? 영원히 떠나보내는 게 가능할까?

나를 아는 사람이라면 내가 식사 후에 달콤한 디저트를 무척 좋아한다는 점을 잘 알 것이다. 예전에는 집에 아이스크림 한 통이 있으면 단숨에 통째로 비우곤 했다. 이제는 그 나쁜 습관을 작은 초콜릿 두 알을 먹는 것으로 대체한 상태다. 과잉 섭취한 칼로리를 태우기 위해 러닝 머신 위에서 헉헉거리지 않으면서도 단것에 대한 욕구를 만족시킬 수 있다.

내 처제는 과거에 TV를 시청할 때 바삭하고 짭짤한 정크 푸드를 먹는 습관에 빠졌었다. TV 앞에 있을 때면 자신도 모르게 감자칩 한 봉지를 아작아작 씹어 먹고 있었다. 그러다 자신이 진짜로 즐기는 건 입안에서 느끼는 바삭한 식감이라는 사실을 깨달았다. 그리고 그 나쁜 습관을 당근, 셀러리, 브로콜리 등을 씹어 먹는 것으로 대체했다. 덕분에 식감도 놓치지 않으면서 동시에 하루 권장량의 야채까지 섭취할 수 있게 됐다.

내 직원 중 한 명은 하루에 다이어트 콜라를 8~10캔씩 마시는 버릇이 있었다(정말 나쁜 습관이다!). 나는 그에게 신선한 레몬이나 라임 혹은 오렌지를 첨가한, 저低나트륨 탄산수로 대체해 보라고 권했다. 한 달 동안 내 조언을 따른 뒤, 그는 탄산 없이도 충분히 살 수 있다는 점을 깨닫고는 이후 그냥 생수를 마시게 됐다.

이런 식으로 당신이 어떤 행동을 대체하거나 없애 버릴 수 있는지 확인해 보라.

4 서두르지 말고 서서히 적응하라

내가 사는 곳은 태평양 연안에 접해 있다. 바닷물에 들어갈 때마다 나는 먼저 발목부터 담가서 물의 온도에 몸이 익숙해지게 만든 다음, 무릎 높이까지 들어간다. 이어서 허리 높이, 가슴 높이까지 걸어 들어가서 몸을 적응시킨 후 본격적으로 수영을 즐긴다. 무작정 물로 뛰어가 다이빙부터 하는 사람들이 있는데, 선택하기 나름이겠지만 내가 선호하는 방법은 아니다. 나는 서서히 적응해 가는 쪽이다(아마 다음 테크닉 5에서 소개할, 어린 시절에 겪은 사고로 인한 트라우마 때문일 것이다).

만약 오랫동안 깊숙이 뿌리박힌 습관이라면, 그 습관이 발생하지 않는 상황에 익숙해질 때까지 작은 단계를 서서히 밟아가는 편이 더 효과적일 수 있다. 어쩌면 수십 년 동안 반복되고 강화되어 온 습관일 수도 있으니, 해체하는 데도 한 번에 한 걸음씩, 충분한 시간을 들이는 쪽이 현명한 길인 것이다.

몇 년 전 아내의 주치의는 그녀에게 몇 개월 동안 카페인을 끊어야 한다고 말했다. 우리 부부는 둘 다 커피를 엄청나게 좋아한다. 그래서 그녀가 커피를 마시지 못하는 고초를 겪어야 한다면 둘 다 커피를 끊는 편이 공평하다고 생각했다. 우리는 먼저 50 대 50부터 시작했다. 처음 일주일간, 절반 동안은 디카페인 커피를, 나머지 절반 동안은 일반 커피를 마셨다. 그리고 그다음 주에는 내내 디카페인 커피만 마셨다. 또 다음 일주일은 디카페인 얼그레이 차로 대체했고, 또 그다음 일주일은 디카페인 녹차로 바꿨다. 이렇게 서서히 커피 없는 삶에 적응해 갔던 한 달 동안, 우리는 두통이나 졸음 등 카페인 섭취 중단으로 인한 고통을 전혀 경험하지 않았다. 만약 갑자기 단숨에 커피를 끊었더라면 어땠을까? 생각만 해도 온몸이 오싹해진다.

아주 작은 변화의 힘

5 무작정 뛰어들어라

앞의 테크닉과 모순되는 것처럼 들리겠지만, 모든 사람에게 똑같은 방식이 통용되지는 않는다. 연구에 따르면 어떤 경우에는 여러 가지 나쁜 습관들을 한꺼번에 바꿀 때 라이프 스타일 변화가 한결 쉬울 수 있다고 한다.

저명한 심장병 전문의 딘 오니시Dean Ornish 박사는 수술이나 투약 없이도, 라이프 스타일을 극적으로 변화시켜 심장병 악화를 반전시킬 수 있다는 사실을 발견했다. 또한, 나쁜 습관 전부를 한꺼번에 떠나보내는 편이 대개 더 쉽다는 점도 알아냈다. 그는 심장병 환자들을 기름지고 콜레스테롤이 높은 식단에서 저지방 다이어트 식단으로 대체하는 프로그램에 등록시켰다. 이 프로그램에는 스트레스를 줄여 주는 활동, 걷기나 조깅 등의 운동, 심장 건강에 좋은 습관들이 포함돼 있었다. 놀랍게도, 채 한 달도 되지 않아 환자들은 평생 가졌던 나쁜 습관들을 떠나보내고 새로운 습관들을 받아들였다. 그리고 1년 후, 그들은 건강이 극적으로 향상되는 혜택을 누렸다. 이는 예외적인 경우일 수 있지만, 자신에게 가장 잘 맞는 전략을 찾아내는 게 중요하다.

내가 어렸을 때 우리 가족은 잘 알려지지 않은 롤린스호Lake Rollins라는 곳에서 캠핑을 즐기곤 했다. 캘리포니아 북부 시에라산맥에서 멀지 않은 곳에 자리 잡은 그 호수에는 타호호Lake Tahoe 산꼭대기에서 녹은 빙하가 흘러들어왔기에 물이 얼음장처럼 차가웠다. 그런데 그곳에 갈 때마다 아버지는 내게 그 차가운 호수에서 수상 스키를 타라고 떠밀었다. 아버지가 나를 물속으로 들어가라고 부를까 봐 하루 종일 속으로 덜덜 떨었다. 수상 스키를 타는 건 좋았지만, 차가운 물속에 들어가는 건 정말 싫었다. 그렇지만 이 두 가지는 떼려야 뗄 수 없는 관계였다.

아버지는 내 차례를 빼먹지 않았고, 때로는 주저하는 나를 물속에 던져 버리기까지 했다. 수십 초 동안 저체온증에 걸릴 듯한 고통을 이겨 내면 몸이 다시 활기를 찾는 게 느껴졌다. 실제 차가운 물에 뛰어드는 고통보다 그 고통에 대한 상상이 더 고통스러웠던 셈이다. 일단 몸이 적응하고 나면 수상 스키를 신나게 즐길 수 있었다. 그럼에도 나는 매번 공포와 안심의 쳇바퀴를 계속해서 돌아야 했다.

이 경험은 나쁜 습관을 갑자기 끊거나 변화시키는 상황과 거의 비슷하다. 잠시 동안 엄청난 고통이나 약간의 불편함을 느낄 수 있다. 그러나 '항상성homeostasis'이라는 프로세스에 의해 변화된 환경에 몸이 적응하는 것과 마찬가지로, 우리는 낯선 행동 변화에 적응할 때도 항상성을 발휘한다. 그리고 대개는, 새로운 환경에 심리적인 면과 신체적인 면에서 모두 꽤 재빠르게 적응하게 된다.

때로는 서서히 적응하는 전략이 먹히지 않는 순간이 있다. 함부로 덤비고 싶지 않더라도 전력을 다해 뛰어들어야 할 때도 있다. 그러니 이제 당신이 물어야 할 질문은 다음 두 가지다.

"내 삶에서, 천천히 시작하여 끝까지 나 자신을 책임질 곳은 어느 부분인가?"

"내가 더 힘껏 도약해야 할 곳은 어느 부분인가? 그냥 뛰어들기만 하면 순식간에 적응할 수 있다는 걸 알면서도 고통이나 불편을 핑계로 내내 피해 왔던 곳은 어디인가?"

예전 동료의 형제였던, 항상 맥주를 물처럼 들이켜며 술집에서 소란을 일으키고 파티에 빠져 사는 알코올 중독자의 얘기다. 그는 식사 때마다 술을 마셨고 주말을 온통 취한 상태로 보내곤 했다. 하루는 대학교 친구의 결혼식에 갔다가 그 친구의 형을 보게 됐다. 문제는 그 형이 자기보다 열 살 더 많은데도 불구하고, 오히려 열 살 더 어려 보인다는 점이었다! 그리고 자신은 오랫동안 느끼지 못했던 활력을 뿜어내며 춤추고 웃고 사람들과 어울리고 있었다. 그 모습을 지켜본 그는, 다시는 술을 한 방울도 입에 대지 않겠다고 그 자리에서 맹세했다. 그리고 금단 증상을 이겨 내며 지금까지 15년째 금주를 지켜오고 있다.

내 경우, 가정에서의 나쁜 습관을 변화시킬 때는 아주 조심하는 편이다. 하지만 직업적인 면에서는 갑작스럽게 돌진하는 편이 훨씬 더 효과적이라는 사실을 깨달았다. 새로운 프로젝트에 돌입할 때, 혹은 신규 고객, 파트너, 투자자를 대할 때 너무 조심스러운 태도는 적절하지 않다. 그럴 때마다 나는 롤린스호에서 탔던 수상 스키를 떠올린다. 처음에는 고통스럽더라도 곧 커다란 즐거움이 찾아올 테니, 일시적인 불편함을 참아 낼 가치가 있다는 점을 상기시키기 위해서 말이다.

정말 버려야 할 습관을 구별해 내는 법

내 주장은 당신 인생에서 나쁜 요소를 전부 없애야 한다는 얘기가 아니다. 적절한 정도에서 머문다면 그냥 놔둬도 괜찮다. 다만, 어떻게 해야 나쁜 습관 중 당신을 지배하고 당신 위에 군림할 녀석을 구별해 낼 수 있을지에 대해서는 생각해 봐야 한다.

나는 '나쁜 습관 단식'이라는 테스트를 이용한다. 나쁜 습관을 하나 택한 다음, 그 습관과의 관계에서 내가 우위를 점하고 있는지 확인해 보는 방법이다. 내가 집착하는 대상은 커피, 아

아주 작은 변화의 힘

이스크림, 와인, 영화 같은 것들이다. 아이스크림에 대한 집착을 어떻게 관리하고 있는지는 앞에서도 이미 언급한 바 있다. 와인은 축하할 일이 있을 때 한잔 마시면서 즐기는 정도로, 결코 퍼마시지는 않는다.

대략 3개월마다 한 번씩 나는 나쁜 습관 하나를 택해서 30일 동안 억제하곤 한다(아마도 어린 시절 받았던 가톨릭 훈육법에서 비롯된 듯하다). 그리고 내가 여전히 주도권을 쥐고 있다는 사실을 증명하곤 의기양양해한다. 당신도 직접 시험해 보라. 당신이 현재 적절한 정도로 통제하고는 있지만, 궁극적 목표에는 별 도움이 안 되는 나쁜 습관을 하나 골라서, 30일 동안 그 습관을 멈춰 보라. 도저히 30일을 견디기 어렵다면, 그것이 바로 당신의 삶에서 끊어 내야 할 나쁜 습관이다.

좋은 습관을 장착하는 여섯 가지 방법

당신을 잘못된 방향으로 이끄는 나쁜 습관을 제거하는 방법을 알아봤으니, 이제부터는 궁극적으로 당신을 원대한 희망으로 이끌어 줄 새로운 선택, 행동, 습관을 만들어 내는 방법을 살펴보자. 나쁜 습관을 없애는 것은 당신의 루틴에서 뭔가를 제거하는 일이었다. 반면 보다 생산적인 새로운 습관을 들이는 것에는 완전히 다른 기술이 요구된다. 나무를 키울 때는 묘목을 심은 다음 물과 양분을 꾸준히 주면서 뿌리를 잘 내리는지 확인해야 한다. 여기에는 노력과 시간, 실천이 필요하다. 지금부터 좋은 습관을 들일 때 내가 즐겨 사용하는 테크닉을 소개하려 한다.

리더십 전문가 존 맥스웰John Maxwell은 이렇게 말했다. "매일의 행동을 바꾸지 않고서는 절대로 인생을 변화시키지 못한다. 성공의 비결은 일상의 루틴에서 발견된다." 연구에 따르면, 좋은 습관 하나가 무의식적으로 실천되도록 하려면 긍정적 강화가 300번 반복돼야 한다. 즉, 거의 1년 동안 매일 실천해야 한다는 뜻이다! 다행히도, 앞서 살펴봤듯이 3주간의 집중적인 노력만으로 좋은 습관이 삶에 결합될 가능성을 훨씬 높일 수 있다. 3주 동안 매일 새로운 습관에 특별히 관심을 기울인다면 평생의 실천으로 이어질 가능성이 크다는 뜻이다.

진실은 이렇다. 당신은 1초 안에 습관을 변화시킬 수도 있고, 10년이란 세월이 지나도 습관을 바꾸려 계속 애만 쓸 수도 있다. 난생처음 뜨거운 난로를 손으로 만졌다면, 그 즉시 "이건 절대 습관으로 삼을 수 없겠구나!" 하고 깨닫게 될 것이다. 그 충격과 고통이 너무나 강력한 나머지 당신의 인식을 영원히 바꿔

놓을 테니까. 앞으로 평생 뜨거운 난로 근처에서는 늘 주의하게
될 것이다.

핵심은 그런 인식을 유지하는 것이다. 좋은 습관을 계속 유
지하길 진정으로 원한다면, 적어도 하루에 한 번은 그것에 의식
적으로 주의를 기울여라. 그러면 성공할 가능성이 훨씬 커진다.

1 성공의 조건에 최적화하라

새로운 습관이 당신의 인생과 라이프 스타일 반경 내에서
작동하게 해야 한다. 50킬로미터 떨어진 곳에 있는 헬스클럽에
등록한다면, 당신은 아마 운동을 하러 가지 않게 될 것이다. 만
약 당신이 '저녁형 인간'인데 그 헬스클럽이 오후 6시에 문을 닫
는다면 전혀 도움이 되지 않을 것이다. 헬스클럽은 가깝고 편리
한 곳에 있어야 하고, 영업시간이 당신의 일정과 맞아야 한다.
살을 빼고 건강한 식사를 하고자 한다면 냉장고와 찬장을 건강
한 음식들로 채워야 한다. 한낮에 허기가 들어 과자를 폭식하는
일을 피하고 싶은가? 책상 서랍에 견과류와 건강한 간식거리를
늘 넣어 둬라. 원래 배고플 때 가장 손이 가기 쉬운 게 탄수화물
식품이다. 나는 단백질을 갖고 다니는 전략을 쓴다. 일요일에 미
리 단백질 음식을 한 번 먹을 양으로 소분해서 일주일 동안 가지

고 다닌다.

나를 가장 산만하게 만드는 파괴적인 습관 중 하나는 이메일 중독이다. 정말 쉽게 볼 문제가 아니다. 엄청난 양의 이메일이 계속 쇄도하기 때문에 바짝 긴장한 상태로 받은편지함을 정리하느라 매일 몇 시간씩을 잃고 만다. 하루에 딱 세 번만 이메일을 확인하는 새로운 습관을 정착시키기 위해, 나는 모든 알림과 자동 수신 설정을 없애 버렸고, 사전에 정해 놓은 시간 외에는 이메일 프로그램을 닫아 두었다. 이렇게 시간을 잡아먹는 괴물 주변에 장벽을 세워 놓아야 했다. 그러지 않으면 종일 이메일에서 벗어나지 못할 테니까.

2 뺄셈이 아니라 덧셈으로 생각하라

유명 토크쇼 진행자인 몬텔 윌리엄스Montel Williams는 내게 자신이 다발성 경화증 때문에 엄격한 식단을 유지해야 한다고 털어놓았다. 그가 식단 유지에 활용했다는 '덧셈 원칙The Add-in Principle'이 목표를 추구하는 사람에게 매우 효과적인 도구라고 생각되어 소개한다.

"식단에서 무엇을 빼느냐는 그리 중요하지 않아요. 그보다는 뭘 더하느냐가 중요하죠." 이 원칙을 그는 인생 전반에 적용해 왔다. 자신의 인생에서 무엇을 제외할지, 혹은 식단에서 무엇을 뺄지('햄버거, 초콜릿, 치즈를 먹지 말아야지') 생각하기보다는 무엇을 그 빈 자리에 더할 수 있을까('오늘은 샐러드와 삶은 채소, 신선한 무화과를 먹어야지')를 고민하는 것이다. 가질 수 있는 것, 배를 채울 수 있는 것에 집중하기 때문에 가질 수 없는 것, 먹을 수 없는 것에 더는 신경 쓰거나 허기를 느끼지 않는다. 몬텔은 자신이 희생해야 할 것이 아니라 '더 누릴 수 있는 것'에 집중했다. 그 효과는 엄청나게 강력하다.

내 친구 한 명은 TV 시청에 많은 시간을 낭비하는 습관을 없애고 싶어 했다. 그를 돕기 위해 나는 세 시간의 여유가 주어진다면 뭘 하고 싶은지 물었다. 그는 아이들과 더 많이 놀아 주겠다고 답했다. 다음으로 나는 늘 갖고 싶었던 취미를 하나 골라 보라고 했다. 그는 사진 촬영을 선택했다. 평소 기계 다루는 걸 좋아했던 그는 촬영 장비와 영상 편집 프로그램을 구입해 가족과 함께 외출할 때마다 들고 다니면서 아이들의 사진을 찍었다. 그리고 온 가족이 함께 즐길 수 있도록 사진을 편집해 슬라이드 쇼와 앨범으로 제작했다. 덕분에 가족이 함께 웃고 떠들며 얼마나 재밌게 놀았는지 떠올리는 시간을 만들 수 있었다. 아이들과 사진에 집중하느라 밤에 TV를 볼 시간도 없었고 그럴 마음도

들지 않았다. 그리고 예전에 TV에 빠져들었던 이유는 업무 스트레스에서 벗어나기 위함이었다는 사실을 깨달았다. TV 시청 대신 아이들과 함께 게임을 하고 사진을 찍는 습관을 들임으로써 그는 훨씬 더 강력하고, 많은 보상을 안겨 주는 자신의 열정을 발견할 수 있었다.

과연 당신은 무엇을 더함으로써 당신의 인생을 더욱 풍부하게 만들 수 있겠는가?

3 결심을 주위에 널리 알려라

대통령이 대중 앞에서 취임 선서를 하는 모습을 그려 보라. "나는 엄숙히 맹세합니다⋯." 그리고 이어서 선거 공약을 어떻게 이행할 것인지 발표할 것이다. 대통령은 자신의 발언이 대중 앞에서 공식적으로 기록되면 그 공약을 철회하는 행동에 대해 이후 책임을 져야 한다는 사실을 잘 안다.

새로운 습관을 들이고 싶은가? 그렇다면 '빅 브라더'가 당신을 감시하도록 만들라. 가용한 모든 소셜 미디어를 동원하라. 철저하게 금전 관리를 하겠다고 결심하고 매일 자신의 지출액을 동전 한 푼 단위까지 블로그에 게시한 어느 여성의 이야기를 들은 적이 있다. 그녀는 가족, 친구, 동료에게 자신의 지출 습관을 지켜봐 달라고 부탁했고, 수많은 눈의 감시에 힘입어 자신의 재정 상태에 대해 훨씬 더 큰 책임감을 느끼고 관리하게 되었다.

나는 담배를 끊고자 하는 어느 동료를 돕기 위해 회사 내 모든 사람에게 이렇게 알렸다. "자, 들어 봐요! 젤다가 금연을 결심했답니다. 대단하지 않나요? 그녀는 이제 담배를 피우지 않을 겁니다!" 그런 다음 나는 커다란 달력을 그녀의 책상 옆 칸막이에 걸어 두었다. 담배를 피우지 않은 날이면 젤다는 빨갛고 굵은 글씨로 달력에 X자를 그렸다. 동료들은 그걸 볼 때마다 그녀를 응원했고, X자가 달력을 채워가기 시작하면서 행렬이 꾸준히 이어졌다. 젤다는 그 행렬을 멈추게 하고 싶지 않았고, 동료들을 실망시키고 싶지도 않았으며, 자기 자신에게 실망하고 싶지도 않았다. 그리고 결국 금연에 성공했다!

당신의 가족에게 알려라. 친구에게도 알려라. 페이스북과 트위터에 올려라. 당신이 이제 변하려 한다는 사실을 널리 퍼트려라.

4 성공 파트너를 찾아라

두 사람이 서로 팔짱을 끼고 같은 목표를 향해 행진하는 모습처럼 강렬한 광경은 없다. 성공 가능성을 높이려면, 새로운 습관이 자리를 잡도록 당신에게 책임감을 유지시켜 줄 사람, 즉 '성공 파트너'를 찾아라. 예를 들어 내게는 '최고 성과 파트너 Peak-Performance Partner'라고 부르는 사람이 있다. 매일 금요일 오전 11시 정각이 되면 우리는 30분간 통화를 하면서 각자의 성과와 실패, 해결책과 묘안을 교환하고, 피드백을 구하며, 서로 책임감을 일깨워 주곤 한다. 정기적으로 헬스클럽에서 만나 운동하거나 산책이나 조깅을 함께할 사람, 혹은 책을 같이 읽고 교환하거나 토론할 사람을 찾아 보라.

5 경쟁하고 연대하라

투쟁심을 북돋우고 새로운 습관을 정착시키는 데 선의의 경쟁만큼 좋은 도구는 없다. 《석세스》의 모회사 비디오플러스 VideoPlus는 신발에 달린 만보계를 사용하여 직원들이 참여하는 '걷기 대회'를 연 적이 있었다. 여러 개의 팀으로 나눈 뒤 누적 걸음 수 합계가 가장 많은 팀이 우승하는 방식이었다. 여태껏 건강과 자기만족을 위한 운동을 전혀 하지 않았던 직원들이 갑자기 하루에 6~9킬로미터를 걷기 시작했다는 사실에 나는 놀랄 수밖에 없었다. 점심시간이 되면 주차장을 걸었고, 전화 회의를 할 때면 직원들은 휴대폰을 들고 밖에 나가 걸으면서 통화를 했다! 경쟁 때문에 활동량을 늘릴 수 있는 방법을 적극적으로 찾아나선 것이다. 모든 직원의 걸음 수가 기록되고 관리됐기 때문에 누가 게으름을 피우고 누가 열심히 걷는지 누구나 알 수 있었다. 직원들의 총 걸음 수는 매일 증가했다.

하지만 경쟁이 끝나자마자 그 기록은 충격적일 정도로 추락했다. 한 달 만에 60퍼센트가 넘게 감소했던 것이다. 하지만 다시 걷기 대회가 시작되자 총 걸음 수는 곧바로 회복되었다. 직원들의 엔진을 돌아가게 만드는 데 약간의 경쟁이 필요했던 셈이다. 이 경쟁을 통해 직원들은 공동체 의식을 경험했고 서로 동지애를 나눌 수 있었다.

당신의 친구, 동료, 팀원들과 우호적으로 벌일 수 있는 경쟁은 어떤 것이 있겠는가? 경쟁심을 새로운 습관 형성에 어떻게 활용하면 흥미로울까?

▨ 6 ▨ 즐겨라!

"일만 하고 놀지 않으면 바보가 된다"는 속담은 옳다. 그동안 노력한 결실을 즐기고 축하하는 시간이 반드시 필요하다. 아무런 보상 없이 자신을 희생하기만 해서는 성공할 수 없다. 매월, 매주, 매일 스스로에게 작은 보상을 제공하라. 아주 작은 보상이라도 상관없다. 단지 새로운 행동을 실천했다는 사실을 자신에게 알릴 수만 있으면 된다. 산책하는 시간을 갖거나, 뜨거운 욕조에서 긴장을 풀거나, 재미있는 책을 읽는 것도 해당된다. 좀 더 확실한 보상을 남기고 싶다면 마사지를 예약하거나 좋아하는 식당에서 저녁을 즐기는 방법도 좋다. 무지개가 끝나는 곳에서 황금이 가득한 항아리를 발견하게 될 것이라고 자기 자신에게 약속하라.

변화는 어렵기에 가치 있다

실패한 사람과 성공한 사람의 99퍼센트가 가지는 공통점이 하나 있다. 바로 '변화를 싫어한다'는 점이다. 다만 성공한 사람들은 그럼에도 불구하고 변화에 성공했다는 점이 다르다. 변화는 어렵다. 그토록 많은 사람이 나쁜 습관을 없애지 못하는 이유, 결국 행복과 건강을 놓치게 되는 이유가 여기에 있다.

하지만 바로 이 점이 나를 흥분시킨다. 변화가 쉬운 일이라면 모두가 쉽게 변할 테니, 그중에서 두각을 나타내면서 비범한 성공을 거두기가 훨씬 더 어렵지 않겠는가? 평범해지기는 쉽다. 비범해지는 건 어렵지만, 사람들 사이에서 당신을 돋보이게 만들 수 있다.

개인적으로 나는 어떤 일이 이루기 어렵다는 소리를 들을 때 오히려 기쁘다. 왜냐고? 어렵다는 이유로 대부분이 해야 할 일을 하지 않을 테니, 내가 주도권을 먼저 쉽게 잡을 수 있기 때문이다. 나는 마틴 루서 킹 목사가 외친 이 말을 좋아한다. "인간에 대한 궁극적인 평가는 그가 편안하고 안락한 순간에 어디에 서 있는지가 아니라, 힘들고 어려운 순간에 어디에 서 있는지에 의해 내려진다." 어려움, 지루함, 역경을 이겨 내고 단호하게 밀고 나갈 때 개선이 이뤄지고 경쟁에서 앞서 나갈 수 있다. 어렵고 불편하고 지루하다면, 그건 좋은 것이다. 일단 매달려라. 그리고 꾸준히 반복하라. 그러면 컴파운드 이펙트의 마법이 후한 보상을 안겨 줄 것이다.

자기 자신을 견뎌라

나쁜 습관을 없애고 새로운 습관을 정착시키고자 한다면 자기 자신을 참아내야 한다는 점을 반드시 기억하라. 20년, 30년, 혹은 40년 이상 반복해 온 나쁜 행동을 바꾸려는 일이니, 좋은 결과를 얻으려면 그에 상응하는 시간과 노력이 든다는 사실을 받아들여야 한다.

어떤 사고와 행동의 패턴이 여러 차례 반복되면 '신경 지문neuro-signature' 혹은 '뇌 주름brain groove'이 형성된다는 사실이 과학적으로 증명됐다. 특정 습관의 사고 패턴을 전달하는 뉴런들이 서로 연결되는 것이다. 습관은 집중을 먹고 산다. 어떤 습관에 집중하면 그 습관과 관련된 사고, 욕구, 행동을 발산하는 뇌 주름이 활성화된다. 다행히도 우리의 뇌는 '말랑말랑'하다(이를 '신경 가소성'이라 한다-옮긴이). 나쁜 습관에 집중하기를 멈추면, 그에 해당하는 뇌 주름이 약해진다. 새로운 습관을 반복함으로써 새로 만들어진 뇌 주름이 기존의 뇌 주름을 능가하도록 만들 수 있다.

새로운 습관이 자리를 잡으려면(그리고 새로운 뇌 주름을 형성하려면) 시간이 걸린다. 그러니 인내심을 가져라. 마차에서 떨어지면 옷에 묻은 흙먼지를 털고 다시 올라타면 된다(절대 자기 자신을 탓하고 몰아세우지 마라!). 전혀 문제가 아니다. 누구에게나 방황은 있다. 다시 시작해서 다른 전략을 시도하면 된다. 더 몰입하고 꾸준히 밀고 나가라. 중단하지 않는다면 엄청난 보상을 얻게 될 것이다.

이왕 보상에 관해 얘기를 꺼냈으니, 다음 장에서는 진정한

아주 작은 변화의 힘

탁월함에 이르는 방법을 알아보자. 이제부터 비로소 컴파운드 이펙트의 증폭 효과가 구체적으로 드러날 것이다. 지금까지 제시한 근본 원리들을 적용하고 훈련한다면, 이제 보상을 누릴 시간이 멀지 않았다!

실천 노트

✳

당신에게 가장 중요한 목표를 달성하는 데 도움이 되는 최고의
습관 세 가지와 방해가 되는 최악의 습관 세 가지를 각각 정의
하라.

당신에게 가장 중요한 목표를 달성하기 위해 길러야 할 새로운
습관 세 가지를 정의하라.

자신의 핵심 동기를 정의하라.
무엇이 거대한 결과를 성취하도록 당신의 열의를 불러일으키고
유지하게 만드는지 찾아내라.

자신의 '와이-파워'를 찾아라.
간명하고 강력하며 영감을 불러 일으키는 목표를 설계하라.

4장

인생의 모멘텀을 만들어라

당신에게 내가 가장 좋은 친구 하나를 소개해 주고 싶다. 나뿐
아니라 빌 게이츠, 비욘세, 제프 베이조스, 세리나 윌리엄스, 리
처드 브랜슨, 마이클 조던, 메릴 스트립 등 최고의 인물들과도
가까이 지내는 이 친구는 당신의 삶에 그 누구보다도 강력한 영
향을 끼칠 것이다. 자, 당신에게 '빅 모Big Mo'를 소개한다(Mo는
모멘텀momentum의 약자로 운동량, 추진력, 성장 동력, 주가의 상승 하
락 추세 등을 의미한다-옮긴이). '빅 모'는 의심할 여지 없이 성공
에 관한 가장 강력하고 수수께끼 같은 힘이다. 당신이 직접 보거
나 느낄 수는 없지만, 얻게 된 그 순간에는 알 수 있다. 또 아무
때나 나타나길 기대할 수는 없지만, 일단 나타나면 "와우!" 하는

탄성을 내뱉게 된다. '빅 모'는 당신을 성공이라는 성층권으로 쏘아 올릴 수 있다. 그리고 일단 당신의 편으로 만든다면, 그 누구도 당신을 따라잡을 수는 없을 것이다.

이번 장은 더욱 특별하다. 앞으로 제시될 아이디어들을 실천한다면, 당신에게 주어질 보상은 이 책의 가격에 비한다면 1000배는 더 넘을 것이다. 정말이다. 이 아이디어들은 그야말로 엄청나니까!

당신의 성공에 박차를 가하는 힘

고등학교 때 물리 수업 시간을 떠올려 보면, '뉴턴의 제1법칙'이 기억날 것이다. 정지해 있는 물체는 외부의 힘이 가해지지 않는 한 계속 정지해 있으려 하며, 움직이는 물체는 운동을 방해받지 않는 한 계속 움직이려 한다는 '관성의 법칙Law of Inertia' 말이다. 다른 식으로 표현하자면, 소파에 앉아 감자칩을 먹는 사람은 외부의 힘이 가해지지 않는 한 그 행동을 계속 유지하려고 한다. 반대로, 성공의 파도에 올라탄 사람은 외부의 힘이 방해하지 않는 한 계속해서 더 많은 성취를 거두게 된다.

모멘텀을 형성하기란 쉽지 않지만, 일단 모멘텀이 만들어지면 엄청난 효과가 발휘된다. 어렸을 때 놀이터에서 '뺑뺑이'라 불리는 회전 무대 놀이 기구를 타며 놀던 기억이 나는가? 아이들이 잔뜩 올라타서는 밖에 선 당신에게 어서 뺑뺑이를 돌리라고 소리친다. 처음 속도는 느릴 수밖에 없다. 정지된 상태로부터 움직여야 하니 첫 발짝이 항상 제일 힘들게 마련이다. 얼굴을 찡그리고 끙끙대며 뺑뺑이를 밀거나 당기고, 몸 전체를 이용해 용을 써야 한다. 한 발짝, 두 발짝, 세 발짝…. 오랫동안 힘을 써야만 마침내 속도가 조금 높아지고 뺑뺑이가 돌아가기 시작한다. 당신도 비로소 움직일 수 있게 됐고 친구들의 응원도 점점 더 커지긴 하지만, 정말로 원하는 속도를 내려면 점점 더 빨리 달리면서 온 힘을 다해 뺑뺑이를 잡아끌어야 한다.

그리고 드디어, 성공이다! 이제 당신은 뺑뺑이에 올라타 친구들과 함께 얼굴을 때리는 바람을 즐기며 외부 세계가 다양한 색깔의 조합으로 번지는 광경을 즐긴다. 잠시 후에 회전 속도가 느려지기 시작하면, 당신은 폴짝 뛰어내린 후 속도를 되찾기까지 다시 뺑뺑이를 돌린다. 이번에는 몇 차례만 세게 밀고 재차 올라타도 된다. 뺑뺑이의 회전 속도가 일정 수준에 도달하고 나면, 즉 모멘텀이 형성되고 나면 회전을 유지하기가 쉬워지기 때문이다.

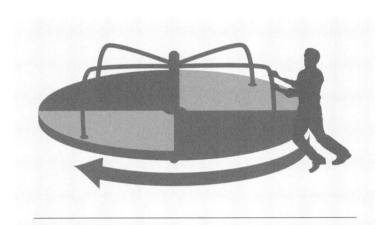

그림 8

모멘텀을 얻기까지는 시간과 에너지가 소요되지만, 그 이후부터는 컴
파운드 이펙트가 성공과 성취에 작용한다.

변화의 수용 역시 같은 방식을 따른다. 처음에는 한 번에 아
주 조금씩 내디디면서 시작해야 한다. 진척 속도는 느릴지언정
새롭게 형성된 습관이 제자리를 잡기만 하면, '빅 모'가 가세하여
당신의 성공과 성과에 컴파운드 이펙트가 재빠르게 작용된다.

우주선을 발사할 때도 같은 원리가 적용된다. 우주선 발사
시 첫 몇 분간 소모되는 연료량이 나머지 전체 여정에서 사용
하는 연료량보다 더 많다. 왜 그럴까? 지구의 중력으로부터 벗

아주 작은 변화의 힘

어나야 하기 때문이다. 중력을 벗어나기만 하면 우주선은 궤도를 따라 활공하면 된다. 따라서 가장 힘들고 어려운 부분은 바로 '이륙'이다. 당신의 낡은 방식과 환경은 뺑뺑이의 관성이나 지구의 중력과도 같다. 모든 물체는 현 상태를 유지하고 싶어 한다. 이런 관성을 무너뜨리고 새로운 프로젝트를 시작하려면 많은 에너지가 필요하다. 하지만 모멘텀을 일단 얻은 후에는 누구도 멈추기 힘든 상태가 된다. 게다가 전보다 더 적은 노력으로도 더 큰 성과를 얻을 수 있다.

왜 성공한 사람은 더욱 성공하고, 부자일수록 더 큰 부를 축적하고, 행복한 사람은 더 행복해지고, 운이 좋은 사람은 더 운이 좋아지는지, 그 이유가 궁금하지 않았는가?

그들에게 '빅 모'가 있었기 때문이다. 그래서 같은 기회에서도 더 크게 얻을 수 있었다.

하지만 모멘텀은 양방향으로 작동한다. 당신에게 유리한 쪽으로도, 불리한 쪽으로도 모두 작용할 수 있다. 컴파운드 이펙트는 늘 작동하기 때문에 부정적 습관을 방치한다면 불운한 상황과 불행한 결과라는 소용돌이에 휘말리고 말 것이다. 이것이 1장에 등장했던 우리 친구 브래드에게 일어났던 일이다. 몇 가지 사소한 나쁜 습관 탓에 그의 체중은 33파운드나 불었고, 직장과 결혼 생활에서 스트레스가 가중됐다. 그 나쁜 습관들이 발생시킨 부정적인 모멘텀이 문제였다. 관성의 법칙에 따르면 정지해 있는 물체는 계속 정지해 있으려 한다. 이때 컴파운드 이펙트는 당신에게 불리한 쪽으로 작용하게 된다. 소파에 앉아 TV를 보는 시간이 늘어날수록 일어나서 활동하기가 더욱더 어려워질 것이다. 그러니 지금 당장 그 자리에서 일어나라!

어떻게 해야 '빅 모'가 당신을 찾아올까? 당신이 하기 나름이다. 우리가 지금까지 다뤘던 바들을 실천하는 데 해결의 열쇠가 있다.

❶ 당신의 목표와 핵심 가치에 따라 새로운 선택을 내려라

❷ 그 선택을 새롭고 긍정적인 행동을 통해 실천하라

❸ 새로운 습관이 정착될 때까지 건강한 실천을 반복하라

❹ 당신의 일상에 루틴과 리듬을 구축하라

❺ 상당한 시간 동안 꾸준함을 유지하라

이제 '빅 모'가 당신의 방문을 활짝 열고 들어올 것이다! 그다음부터는 누구도 멈출 수 없다.

스물세 개의 금메달을 포함해 올림픽 메달을 총 스물여덟

개나 따냈던 전설적인 수영선수 마이클 펠프스를 떠올려 보라. 어떻게 그런 성과를 낼 수 있었을까? 그는 밥 바우먼Bob Bowman 코치의 도움을 받으며 자신의 재능을 12년 넘게 갈고 닦았다. 두 사람은 함께 루틴과 리듬을 구축했고 꾸준하게 기량을 끌어올렸다. 덕분에 펠프스는 올림픽 경기가 열리는 딱 그 시점에 모멘텀을 움켜쥘 수 있었다. 펠프스와 바우먼의 관계는 그들이 품었던 엄청난 야망뿐 아니라 한결같은 훈련으로도 유명했다. 바우먼은 연습에 관해서는 펠프스가 내내 꾸준함을 보여 주길 요구했다. 그래서 바우먼이 훈련을 15분 일찍 끝내 준 덕분에 중학교 댄스 파티에 갈 수 있었던 일을 펠프스가 또렷이 기억하고 있을 정도였다! 훈련을 일찍 끝낸 건 12년 동안 딱 한 번뿐이었다고 하니, 펠프스가 수영 영웅이 된 건 어쩌면 당연한 결과였다.

이번에는 아이팟iPod를 생각해 보자. 그 작은 기계가 엄청난 성공을 거두게 만든 진화 과정이 어땠을지 궁금해한 적 있는가? 애플은 아이팟을 출시하기 오래전부터 존재해 왔다. 매킨토시 컴퓨터에게는 언제나 열정적이고 충성스러운 팬들이 있었지만, 전체 PC 시장에서 차지하는 비중은 일부분에 불과했다. 아이팟은 최초의 MP3 플레이어도 아니었고, 사실상 애플은 후발 주자였다. 하지만 그들은 어떤 강력함을 지니고 있었다. 바로 고객 충성도를 유지하려는 한결같은 노력, 그리고 높은 품질, 혁신적 디자인, 사용 편의성에 대한 변함없는 집념이었다. 애플은 MP3 플레이어를 단순하고, 멋지고, 사용하고 작동하기에 편리하게 만들었다. 그리고 재미있고 독창적인 광고를 통해 홍보했고 대성공을 거뒀다.

그러나 아이팟의 성공은 단숨에 이뤄진 것이 아니었다. 아이팟을 출시했던 2001년, 애플의 매출 성장률은 전년의 30퍼센트에서 마이너스 33퍼센트로 오히려 주저앉았다. 이듬해인 2002년에도 역시 마이너스 2퍼센트에 그쳤다. 하지만 2003년에는 18퍼센트, 2004년에는 33퍼센트로 뛰어올랐다. 그리고 2005년, 애플은 마침내 '빅 모'를 움켜쥐었다. 그해 애플은 68퍼센트의 매출 성장률을 기록했고 MP3 플레이어 시장의 70퍼센트를 점유했다. 알다시피, '빅 모'는 이후 애플이 스마트폰 시장(아이폰)과 디지털 음원 유통 시장(아이튠즈)을 장악하는 데도 기여했다. 이 모멘텀 덕분에 애플은 PC 시장에서도 부활했다. '빅 모'가 그들의 편인 한, 나는 애플이 다른 시장으로 확장하는 모습을 보더라도 전혀 놀라지 않을 것이다.

구글은 한동안 살기 위해 발버둥 치는 보잘것없는 검색 엔진에 불과했다. 그러나 지금은 그 시장의 90퍼센트 이상을 차지하고 있다. 2005년 2월에 탄생한 동영상 공유 사이트 유튜브 YouTube는 그해 11월에 공식 출시됐다. 그러나 토크쇼 〈새터데이 나이트 라이브Saturday Night Live〉에서 원래 방영됐던 '나른한 일요일Lazy Sunday'이라는 제목의 짧은 동영상이 유튜브에 게시되자 비로소 사람들이 그 영상을 보기 위해 유튜브로 몰려들기 시작했다. 이 동영상은 엄청난 바이럴을 일으켰고 NBC 방송사가 해당 영상의 게시를 중단해 달라고 요구하기 전까지 500만 이상의 조회 수를 기록했다. 이후에는 누구도 유튜브를 따라잡을 수 없었다. 이미 '빅 모'를 획득했기 때문이었다. 이제 유튜브는 전 세계에서 두 번째로 인기 있는 소셜 미디어 플랫폼이 되었고 전체 모바일 데이터 전송량 중 3분의 1 이상(37퍼센트)을 차지하고 있다. 구글은 유튜브의 젊은 두 창업자를 영입하면서 그들에게 '빅 모'의 대가로 16억 5000만 달러를 지불했다. 엄청나지 않은가!

　　마이클 펠프스, 애플, 구글, 유튜브의 공통점은 무엇일까? 이들 모두 모멘텀을 획득하기 전과 후에 똑같은 것을 실천했다. 그들의 습관, 규율, 루틴과 꾸준함은 모멘텀을 가져오는 열쇠였다. 그리고 '빅 모'가 등장한 다음에는 누구도 막을 수 없는 존재가 되었다.

루틴이 일하게 하라

아무리 의지가 강해도 실행을 위한 시스템이 없으면 실패하게 마련이다. 실행 시스템을 구축한다는 것은 실질적이고 긍정적인 변화가 일어날 때까지 새로운 태도와 행동을 매월, 매주, 매일의 일상적 루틴에 통합시킨다는 뜻이다. '루틴routine'이란 양치질을 하거나 안전띠를 매는 등 의식적인 사고 과정 없이도 당신이 자동적으로 항상 어김없이 실천하는 것을 의미한다. 앞 장에서 논의했던 습관과 마찬가지로, 당신이 어떤 일을 성공적으로 실천하고 있다면, 그건 당신이 그 일에 대한 루틴을 발전시켰기 때문일 가능성이 높다. 이러한 루틴은 우리의 행동을 자동적이고 효율적으로 만듦으로써 삶의 스트레스를 줄여 준다. 새로운 목표를 달성하고 새로운 습관을 정착시키려면 당신의 목적에 부합하는 새로운 루틴을 창조할 필요가 있다.

과제가 어려울수록 루틴을 더 엄격히 지켜야 한다. 군대 신병 훈련소 생활은 왜 그리 빡빡하게 운영될까? 점호를 준비하거나, 전투화에 광을 내거나, 차려 자세를 취하는 등의 상대적으로 사소한 일들에 왜 그리 목숨을 거는 걸까? 전투에 나설 신병들에게 루틴을 심어 주는 것이 극심한 압박 속에서 효율적이고 생산적이며 신뢰할 만한 전투력을 이끌어 내는 데 가장 효과적인 방법이기 때문이다. 겉보기에는 단순할지 몰라도, 기초 훈련 기간 동안 형성되고 구축된 루틴들은 겁 많고 나약하고 부주의한 젊은이를 민첩하고 자신감과 책임감이 넘치는 병사로 거듭나게 만든다. 이렇게 반복적으로 습득된 루틴 덕에 병사들은 전투의 혼돈 한가운데에서도 본능적으로 정확하게 임무를 완수할 수 있게 된다. 고강도 훈련과 연습이 죽음의 위협 앞에서도 병사들이 자신의 의무를 다하도록 준비시켜 주는 것이다.

아마 지금 당신의 하루하루는 전장戰場처럼 위험할 리는 없을 것이다. 그러나 당신의 일정에 올바른 루틴을 만들어 두지 않는다면 당신의 삶은 통제할 수 없게 되고 불필요하게 힘들어질 수 있다. 예측 가능한 루틴으로 다져진 일상의 규율은 당신에게 인생이라는 전쟁터에서 승리할 준비를 갖춰 준다.

전설적인 골프 선수 잭 니클라우스는 샷을 날리기 전 루틴을 지키는 것으로 유명했다. 그는 자신의 루틴을 거의 종교처럼 신봉한 덕에 정신적, 신체적인 면에서 모두 충분히 집중하고 준비할 수 있었다. 먼저 공 뒤쪽에 서서 공과 목표 지점 사이의 중간 지점을 한두 곳 정한다. 그리고 공 옆에 다가서서는 맨 먼저 클럽 헤드의 평평한 면인 클럽 페이스와 미리 정한 중간 지점이

일직선이 되게 한다. 이 정렬이 제대로 이뤄져야만 그는 공 옆에 두 발을 위치시킨다. 그리고 자세를 잡은 뒤 클럽을 앞뒤로 흔들며 목표 지점을 봤다가, 다시 중간 지점을 봤다가, 다시 자신의 클럽으로 시선을 옮긴다. 그리고 그제야 샷을 날린다.

어느 메이저 경기가 열리는 동안 심리학자 한 명이 니클라우스가 골프 가방에서 클럽을 꺼내는 순간부터 공을 치는 순간까지 걸리는 시간을 측정한 적이 있었다. 그랬더니, 1번 홀부터 18번 홀까지 날린 모든 샷에서 잭의 루틴들은 결코 1초 이상의 편차를 넘지 않았다. 정말 놀랍지 않은가! 같은 심리학자가 그레그 노먼이 죽을 쑨 1996년 마스터스 대회에서 그의 루틴을 측정했더니, 라운드가 진행될수록 루틴에 걸리는 시간이 줄어들었다는 게 밝혀졌다. 들쭉날쭉한 루틴이 그의 리듬과 기량의 일관성에 악영향을 끼쳤고, 그는 결국 모멘텀을 움켜쥘 수 없었다. 루틴을 지키지 못한 순간 노먼의 성적은 예측 불가능하고 변덕스러운 상태가 되어 버렸던 것이다.

미식축구 키커들 역시 킥을 차기 전 루틴을 소중하게 지킨다. 이 루틴을 통해 그들은 수천 번 반복했던 같은 동작에 일체화되도록 만든다. 만약 이 루틴을 지키지 않는다면 시간의 압박 속에서 기량이 떨어질 것은 불 보듯 뻔하다. 비행기 조종사는 비

아주 작은 변화의 힘

행 전 체크 리스트를 점검한다. 비행 경력이 수천 시간에 달하고 지난번 운항 후에 비행기가 완벽하게 정비됐다고 하더라도 비행 전 체크 리스트를 반드시 꼼꼼하게 체크한다. 이 과정은 비행기의 상태를 점검하려는 목적도 있지만, 조종사가 다가올 비행에 집중하고 준비하도록 만드는 데 더욱 중요한 역할을 담당한다.

내가 지금껏 함께 일해 왔고 지켜봐 온 뛰어난 성취가들과 경영자들은 모두 훌륭한 습관뿐 아니라 일상의 규율을 이행하는 일관된 루틴을 가지고 있었다. 이것이 자신의 행동을 예상 가능하도록 통제할 수 있는 유일한 방법이다. 우회할 수 있는 다른 방법은 없다. 좋은 습관과 규율을 기반으로 형성된 일상의 루틴은 가장 큰 성공을 거둔 사람들만의 특징이다. 루틴의 힘은 그러한 예외를 만들 정도로 강력하다.

유익하고 효과적인 루틴을 만들려면 먼저 당신이 실행하고 싶은 행동과 습관이 무엇인지 결정해야 한다. 3장에서 다뤘던 당신의 목표와 더하거나 빼고 싶은 행동을 떠올려 보라. 그다음에는 잭 니클라우스처럼 샷을 날리기 전 최상의 루틴이 무엇일지 파악하라. 당신의 루틴이 어떤 요소들로 구성돼야 할지 주의 깊게 따져 보라. 그리고 일단 어떤 루틴을 정했다면, 예를 들어 아침에 행할 모닝 루틴morning routine을 확정했다면, 별도의 통지가 있기 전까지는 단단히 지키겠다고 각오하길 바란다. 아침에 일어나면, 그냥 하는 거다. 핑계는 없다. 다른 사람이나 어떤 일로 인해 방해를 받았다면, 다시 출발점으로 되돌아가서 다시 시작하라. 성과를 일으킬 수 있을 만큼 당신의 기반이 단단해질 때까지.

하루의 시작과 끝에 집중하라

세계적인 운동선수가 되려면 세계 수준의 루틴을 통해 성과를 만들어 내야 한다. 낮에 직장에서 일하는 동안에는 어떤 일이 일어날지 예상하거나 통제하기가 거의 불가능에 가깝다. 그러나 적어도 하루를 어떻게 시작하고 끝낼지는 충분히 통제할 수 있다.

　나는 여기서 내가 아침에 일어날 때, 그리고 잠자리에 들 때 실천하는 루틴을 공개하려고 한다. 그럼으로써 당신에게 몇 가지 아이디어를 제공하고, 새로운 행동을 루틴으로 정형화하는 일의 힘과 중요성을 이해시킬 예정이다. 내 행동과 루틴은 내가 이루고자 하는 목표에 맞춰 설계된 것이다. 그러니 내 사례를 참고삼아 당신도 자신만의 루틴 전략을 찾아내기 바란다.

　　　　　　　　　　　　아주 작은 변화의 힘

하루를 준비하는 모닝 루틴

나의 모닝 루틴은 잭 니클라우스의 샷 준비 루틴과 유사한 역할을 한다. 하루를 잘 보낼 수 있도록 나를 준비시키는 과정이다. 매일 아침 반복되는 일이기에 정확히 고정돼 있고 다른 생각을 할 필요도 없다.

오전 5시(고백하자면 때로는 오전 5시 반)에 휴대폰 알람이 울리면 일단 스누즈 버튼을 한 번 누른다. 그리고 내게 8분이 남아 있다는 걸 안다. 이 8분 동안 나는 세 가지 일을 한다. 첫째, 내가 감사하게 생각하는 모든 것을 떠올린다. 내 마음을 조율하려는 목적이다. 이미 가진 것에 감사하는 마음으로 하루를 시작하면 세상이 당신을 대하는 관점, 방식, 반응이 크게 달라진다. 둘째, 약간 이상하게 들리겠지만, 누군가에게 사랑하는 마음을 보낸다. 사랑받고 싶다면 사랑을 주라고 하지 않던가? 내가 더 받고 싶은 한 가지가 바로 사랑이다. 나는 아무나 한 사람을 마음속에 떠올리면서 사랑을 전한다. 그 대상은 친구, 친척, 동료일 수도 있고, 그냥 슈퍼마켓에서 만난 사람일 수도 있다. 누군들 상관없다. 그들을 위한 기원과 희망의 말을 상상하면서 사랑을 보내는 것이다. 이 의식을 축복이나 기도라고도 할 수 있겠지만,

나는 특별히 '마음의 러브레터'라고 부른다. 셋째, 내가 가장 이루고 싶은 목표를 떠올리면서 그 목표에 다가서기 위해 오늘 실천할 세 가지 일을 결정한다. 예를 들면, 이 글을 쓰는 지금 내가 가장 이루고 싶은 목표는 아내와 더 친밀해지고 그녀를 더 사랑하는 것이다. 그래서 요즘 아침마다 나는 아내가 사랑받고 존중받는다고 느낄 수 있도록 내가 할 수 있는 일을 세 가지씩 계획하고 있다.

침대에서 일어난 후에는 커피를 내리면서 약 10분간 스트레칭을 한다. 나처럼 평생 웨이트 트레이닝만 했다가는 온몸이 뻣뻣해지기 쉽다. 스트레칭을 자주 할 수 있는 유일한 방법은 루틴으로 정착시키는 길뿐이라는 걸 경험을 통해 깨달았다. 그리고 하루 중 언제가 스트레칭하기에 가장 좋을지 고민한 결과, 커피를 내릴 때가 최적이라는 결론에 이르렀다.

스트레칭을 마치고 커피를 잔에 따르고 난 다음에는 편안한 의자에 앉아 30분으로 알람을 맞춘 뒤 긍정적이고 교훈적인 메시지를 담은 책을 읽는다. 30분 후 알람이 울리면 가장 중요한 프로젝트를 꺼내 90분 동안 딴짓하지 않고 완전히 몰입해서 매달린다(아직 이메일도 열어 보지 않았다). 아침 7시가 되면 일정표를 보며 15분 동안 하루의 약속을 조정하고, 그 과정에서 자

아주 작은 변화의 힘

연스럽게 세 가지 5개년 목표와 세 가지 연간 목표, 해당 분기의 핵심 사항, 그리고 주별, 월별 목표를 자신에게 가볍게 상기시킨다. 그리고 약속 조정 시간에서 가장 중요한 부분은 그날의 '가장 가치 있는 우선 순위MVP: Most Valuable Priorities'를 검토하는 일이다. 나 자신에게 물어본다. "오늘 세 가지만을 딱 실천한다면, 구체적으로 어떤 행동을 취해야 궁극적 목표에 가까워질 수 있는 최대의 효과가 발생할까?" 이 모든 과정을 다 거친 다음에야, 비로소 나는 이메일을 열고 직원들에게 업무 지시를 내린다. 물론 최대한 빨리 이메일 업무를 처리하고 나의 MVP에 매달린다.

이후 하루의 나머지 시간이 어떻게 진행될지는 백만 가지의 제각기 다른 양상으로 나뉘지만, 아침 루틴을 고수하는 한 내가 반드시 실천해야 할 핵심 규율은 잘 관리된다. 그리고 아침을 불규칙하게 시작하는 경우에 비해 훨씬 높은 성과를 이루도록 나를 준비시키고 적절히 단속해 주는 것이다.

달콤한 꿈을 안겨 주는 이브닝 루틴

저녁에는 주로 '캐시 아웃cash out'을 즐긴다. 젊은 시절 웨이터로 일하면서 배운 방법이다. 퇴근 전 모든 직원이 영수증, 신용 카드 전표, 현금을 내놓고 정산하는 일을 의미한다. 그럴 때 금액이 딱 맞아 떨어지지 않으면 정말 골치가 아팠다.

　마찬가지로 하루의 성과도 '캐시 아웃'이 중요하다. 원래 세웠던 계획과 비교해 결과는 어땠나? 내일의 계획으로 이관해야 할 항목은 무엇인가? 그날 발생한 일로 인해 추가해야 할 항목은 없는가? 더는 중요하지 않아서 없애야 할 항목은 무엇인가? 이외에도 나는 그날 떠오른 아이디어나 통찰을 무엇이든 수첩에 기록해 놓곤 한다. 이렇게 모은 아이디어와 통찰, 전략이 마흔 권 분량에 이른다. 마지막으로, 나는 잠을 청하기 전에 영감을 불러일으키는 책을 적어도 열 쪽 이상 읽는다. 잠들기 전에 습득한 마지막 정보까지 우리 마음이 계속해서 처리한다는 사실을 잘 알기에, 내 목표를 달성하는 데 도움이 되는 건설적인 읽을거리에 주의력을 집중하려는 것이다. 이것으로 끝이다. 하루 동안 벌어질 수 있는 일은 수없이 많지만, 하루의 끝은 내가 통제할 수 있기에 나는 늘 시작과 마무리에 특히 신경을 쓴다.

때로는 루틴을 뒤흔들어라

내가 만든 루틴을 뒤집어엎을 때가 종종 있다. 그렇게 하지 않으

　　　　　　　　　아주 작은 변화의 힘

면 삶이 진부해지고 정체되기 쉽기 때문이다. 웨이트 트레이닝을 예로 들어 보자. 같은 시간에 같은 방법으로 매주 똑같은 동작만 반복하면 내 몸은 컴파운드 이펙트를 맛보기 어렵다. 당신은 지루해할 것이고, 열정은 식을 테고, '빅 모'는 나타나지 않을 것이다. 따라서 새로운 방식으로 뒤섞고 새롭게 도전하고 신선한 체험에 나서야 한다.

현재 나는 내 삶에 더 많은 모험을 더하려고 노력 중이다. 평소라면 잘 하지 않을 일을 실천하기 위한 주간, 월간, 연간 목표를 수립해 두었다. 그렇다고 경천동지할 만한 일은 아니다. 그저 색다른 음식을 맛본다든지, 생소한 주제의 수업을 듣는다든지, 새로운 장소를 방문한다든지, 새로운 모임에 가입한다든지 하는 정도다. 이러한 변화를 통해 나는 생동감을 되찾고 열정을 다시 불러일으키며 참신한 관점으로 기회를 모색할 수 있다.

당신의 루틴을 살펴보라. 만약 과거에 당신에게 활력을 불어넣었던 일이 낡았다는 느낌이 들거나 더는 강력한 결과를 산출해 내지 못한다면, 뒤흔들 때가 온 것이다.

일상에도 리듬이 있다

일상의 규율이 루틴으로 정착하고 난 다음에는, 당신은 이제 그 루틴에서 '리듬'이 발생하길 원할 것이다. 당신의 규율과 실천을 매주, 매달, 매년의 리듬에 동화시키는 일은 '빅 모'를 환영하기 위한 준비를 하는 것이다.

리듬은 증기 기관차의 바퀴와도 같다. 정지 상태일 때는 전혀 앞으로 움직이지 않을 것처럼 보인다. 앞바퀴 밑에 끼워진 나무토막이 그런 느낌에 한몫한다. 피스톤을 작동시키고 여러 바퀴를 함께 움직이게 하려면 엄청난 양의 증기가 필요하다. 이 과정은 아주 느리게 진행되지만, 기차가 일단 구르기 시작하면 바퀴들이 리듬을 탄다. 증기의 압력이 일정하게 유지되어 기차가 모멘텀을 얻으면, 보라! 시속 90킬로미터로 달리는 기차는 1.5미터 두께의 철근 콘크리트 벽도 뚫어 낼 수 있다. 당신의 성공을 누구도 멈추지 못하는 증기 기관차에 비유해 보면, 자신만의 리듬을 찾는 데 최고의 동기가 부여될 것이다.

일상의 리듬을 통해 미리 계획할 수도 있다. 예를 들어, 아내와의 관계를 돈독히 하겠다는 목표를 되새기면서 나는 주별, 월별, 분기별 리듬 일정을 설계한다. 사랑을 설계한다니, 그다지

그림 9
당신의 규율과 실천이 리듬을 타게 되면 '빅 모'가 찾아온다.

로맨틱하게 들리지는 않을 것이다. 하지만 아무리 우선순위가 높은 목표라 할지라도 일정표에 구체적으로 잡아 놓지 않으면 실천하지 않게 되는 경우를 당신도 많이 봐 왔지 않은가? 정기적으로 발생하지 않는 일이라면 어떤 식으로든 리듬을 만들어 내야 하는 것이다.

내 경우엔 이렇다. 매주 금요일 밤은 '데이트의 밤'이다. 아내와 함께 외출하거나 특별한 경험을 함께하는 날. 저녁 6시가 되면 우리 두 사람의 휴대폰에 알람이 울리고, 그때 뭘 하고 있든 상관없이 데이트의 밤이 자동으로 시작된다. 매주 토요일은 '가족의 날'로, 어떤 일도 하지 않는 날이다. 금요일 밤에 해가 진 다음부터 일요일 아침에 해가 뜨기 전까지의 시간은 철저히 부부 관계와 가족에게만 쏟는다. 이런 경계선을 만들어 두지 않으면 하루하루가 무의미하게 흘러가고 만다. 그리고 안타깝게도, 대개는 가장 중요한 사람을 가장 푸대접하기 일쑤다.

매주 일요일 저녁 6시가 되면 우리 부부는 '관계 검토'의 시간을 갖는다. 이 시간 동안 우리는 지난 한 주간 잘한 일과 못한 일을 토론할 뿐 아니라 우리의 관계를 더 끈끈하게 만드는 데 필요한 조치에 대해서도 의견을 나눈다. 먼저 지난주에 상대방에게 고마웠던 점들을 서로에게 이야기하면서 대화를 시작한다. 처음에는 좋은 측면부터 다루는 게 좋다. 그런 다음 "10점 만점으로 평가한다면, 이번 주 우리 관계에 몇 점이나 줄 수 있을까?"라고 서로에게 묻는다. 서로의 잘잘못을 따지게 되는 순간이다(맙소사!). 그다음 "10점이 되려면 어떻게 해야 할까?"라는 질문을 통해 개선점을 찾아본다. 검토가 끝날 즈음이 되면 우리는 서로의 말을 잘 들어주고 서로에게 인정받았다는 느낌을 받는다. 그리고 각자 준수할 점과 바라는 점을 분명히 정한 후에

아주 작은 변화의 힘

다음 주로 넘어간다. 정말 놀라운 프로세스가 아닌가? 당신도 실천해 보길, 자신 있게 권한다.

매달 아내와 나는 독특하고 기억에 남을 만한 이벤트도 계획한다. 나의 멘토 짐 론은 내게 삶은 그저 경험의 집합이라고 가르쳤다. 그에 따르면 좋은 경험의 빈도와 강도를 증가시키는 것이 우리 인생의 목표가 되어야 한다. 우리 부부는 한 달에 한 번 기억에 남을 만한 경험에 도전한다. 그것은 산 정상까지 차를 몰고 오르거나, 자전거 하이킹을 떠나거나, 멋진 레스토랑을 방문하거나, 해안에서 보트를 모는 일일 수도 있다. 지울 수 없는 추억을 선사하는 특별한 경험이라면 무엇이든 좋다.

분기에 한 번씩 우리는 2~3일간 휴가를 떠난다. 이때 나는 모든 목표와 삶의 패턴을 분기별로 검토하는 편이다. 또한 우리의 관계를 좀 더 깊이 들여다보는 데 더없이 안성맞춤인 시간이기도 하다. 그래서 특별한 곳으로 여행을 떠나 휴가를 즐기면서 신년 계획을 세우거나 목표를 수립하는 의식을 갖는다. 이 모든 일을 계획해 두면 뭘 해야 할지 별도로 신경 쓸 필요가 없다는 걸 알게 될 것이다. 모든 일이 자연스럽게 일어날 테니 말이다. 이렇게 만들어 낸 리듬이 우리에게 모멘텀을 선사한다.

당신의 리듬을 기록하라

새로운 행동의 리듬을 꾸준히 추적하기 위해 내가 고안한 방법을 당신과 공유하려고 한다. 이 '리듬 기록표'가 얼마나 유용한지 당신도 곧 알게 될 것이다. 추적하기의 중요성에 대해서는 앞에서 이미 설명한 바 있다.

　물을 좀 더 자주 마시고 싶거나 좀 더 많이 걷고 싶다면, 혹은 배우자에게 당신의 애정을 더 많이 표현하고 싶다면, 당신의 목표에 다가서는 데 필요하다고 판단되는 그 행동의 리듬이 제대로 형성됐는지 추적하고 싶을 것이다. 그림 10의 리듬 기록표를 참조하여 당신의 리듬을 관리하길 바란다.

모든 일에는 순서가 있다

사람들은 새로운 시도에 나설 때 지나칠 정도로 무리하는 경향이 있다. 물론 나는 당신이 성공을 위한 리듬을 정착시키는 일에 열성적으로 임하길 바란다. 그러나 재조정 없이 완전하게, 또 긍정적으로 오랫동안 실천할 수 있는 프로그램이 당신에게 필요한 것도 사실이다. 나는 당신이 앞으로 일주일, 한 달, 혹은 90일 동

행동/활동	월	화	수	목	금	토	일	실천	목표	미달점수
3번 더 전화하기	×			×	×			3	5	(2)
3번 더 표현하기		×		×				2	3	(1)
30분 유산소 운동		×			×			2	3	(1)
웨이트 트레이닝	×	×		×				3	3	😊
독서 10쪽	×	×		×	×			4	5	(1)
오디오북 30분	×	×	×			×		4	5	(1)
수분 5리터 섭취		×	×	×		×	×	5	7	(2)
건강한 아침 식사	×	×		×	×			4	7	(3)
아이들과 놀아주기	×			×		×		3	4	(1)
아내와 저녁 데이트						×		1	1	😊
기도/명상		×	×			×		3	5	(2)
일기 쓰기	×		×		×	×	×	5	5	😊
							총	39	53	(14)

진정한 헌신이란,
당신이 약속했을 당시의 기분이 사라진 지 오랜 후에도
당신이 약속한 바를 실천하는 것이다.

기간: _____부터 _____까지

그림 10
주간 리듬 기록표(예시)

안만 실행할 수 있는 리듬을 떠올리길 원하지 않는다. 당신이 지금 생각해야 할 것은 평생 지속할 수 있는 리듬이다. 당신이 인생에서 경험하고 싶은 긍정적인 성과, 즉 컴파운드 이펙트는 현명한 선택과 실천을 오랫동안 꾸준히 반복한 결과로 찾아오게 돼 있다. 매일 꾸준히 올바른 단계를 밟아야만 얻을 수 있는 것이다. 너무 과도하게, 너무 급하게 얻으려 하다가는 실패에 빠지게 마련이다.

내 친구 중 한 명인 리처드(사생활 보호를 위해 가명을 쓴다)는 소셜 미디어에 올린 자기 사진을 본 뒤 살을 빼기로 결심했다. 그러자면 라이프 스타일에 엄청난 변화가 필요했다. 하지만 그는 하루에 적어도 열두 시간을 앉아서 일하고 운동은 죽도록 싫어하는 사람이었다. 허리를 숙이거나 무릎을 굽혀야만 손에 닿는 그릇과 문구는 아예 사용하지 않을 정도였으니 얼마나 신체 활동을 꺼리는지 알 만할 것이다. 그럼에도 그는 살을 빼겠다는 결심을 포기하지 않았다. 헬스클럽에 등록하고 개인 트레이너까지 고용하며 일주일에 5일씩 하루 두 시간을 운동에 쏟아부었다.

나는 그에게 충고했다. "이봐, 리처드. 실수하는 거야. 그런 결심은 유지하기 힘들 거야. 금방 중단하고 말걸? 실패하기 딱

아주 작은 변화의 힘

좋아." 하지만 그는 발끈하면서 자신이 완전히 달라질 거라고 장담했다. 트레이너도 강도 높은 운동을 추천했다면서 말을 이었다. "내 결심은 확고해. 이번에는 탄탄한 복근을 얻고 말겠어."

"리처드, 자네의 진짜 목표가 뭐야?" 나는 그에게 다시 물었다. 이런 식으로는 절대 운동이 성공을 거둘 수 없다는 걸 잘 알고 있었기 때문이다.

"날씬해지고 건강해지는 거지."

"왜?"

"그야 활력을 되찾고 내 아이들이 자식을 낳고 기르는 모습을 보면서 오래 살고 싶으니까."

이것이 바로 그의 진정한, 의미 있는 동기였다. 게다가 리처드는 그 상태를 장기적으로 유지하고 싶어 했다. 따라서 한철만 반짝 운동한다고 되는 게 아니라 장기적으로 헌신해야 한다는 뜻이기도 했다.

"좋아. 충분히 그럴 만한 이유야. 하지만 자네는 지금 적정 수준을 너무 초과했어. 앞으로 2~3개월은 버틸지 모르지만 이후엔 이렇게 변명할 거야. '오늘 두 시간 운동하기는 어렵겠네. 오늘은 그냥 건너뛰어야겠다.' 이런 핑계가 자꾸 늘어나겠지. 일주일에 5일 운동하던 것이 2~3일로 줄어들면 낙담할 테고 말이야. 그러다가 결국 운동을 관둘 거야. 물론 지금은 아주 열정에 불타오르고 있다는 걸 잘 알겠어. 그러니 이렇게 해 보면 어떨까? 지금 당장은 하루에 두 시간, 일주일에 5일씩 운동을 하는 거야. 멈춰 있던 바퀴를 움직이는 데는 엄청난 증기가 필요하니까. 하지만 60일이나 90일 동안만 그렇게 하는 거야. 그다음에는 하루 한 시간이나 한 시간 15분씩, 일주일에 4일로 운동 시간을 줄이길 바라네. 그렇게 다시 60~90일간 지속해 보는 거지. 그 이후에는 하루 1시간씩 일주일에 3일만 운동하면 돼. 이런 프로그램을 권하는 이유는 처음부터 자네가 유지할 수 있는 수준을 계획하고 시작해야 하기 때문이야. 그렇지 않으면 아예 포기하고말 테니까."

이때는 리처드가 내 조언을 이해하도록 정말 애를 써야만 했다. 당시 그는 온통 열의에 불타오르고 있었으니까. 앞으로 평생 이 새로운 루틴을 지속할 수 있을 거라며 자신만만해 하고 있었다. 하지만 운동을 해 본 적 없는 사람이 하루에 두 시간씩, 일주일에 5일을 운동한다면 틀림없이 얼마 못 가 한계에 부딪히고 만다. 5주나 5개월만 하고 말 게 아니라 50년 동안 지속할 수 있는 프로그램을 구축해야 하는 것이다. 잠깐은 고삐를 바짝 죄어도 괜찮지만, 욕심을 내려놓고 시작해야 터널을 통과해 빛을 만

날 수 있다. 일주일에 몇 차례씩 45분~1시간가량의 시간은 누구나 낼 수 있겠지만, 하루 두 시간씩 일주일에 5일을 운동 루틴으로 만드는 건 불가능한 일이다. 잊지 말라. 꾸준함은 성공의 핵심 요소라는 점을.

꾸준함이 곧 경쟁력이다

내게 경쟁 우위를 부여하는 규율이 있다면, 그것은 꾸준함을 유지하는 능력이라는 사실은 이미 앞에서 언급한 바 있다. 꾸준함의 결여만큼 더 쉽고 더 확실하게 '빅 모'를 죽이는 것은 없다. 의지가 강하고 선량하며 열정적이고 야심만만한 사람이라 해도 꾸준함은 부족할 수 있다. 그러나 꾸준함이야말로 당신이 목표를 향해 날아오르려 할 때 사용할 수 있는 가장 강력한 도구다.

이렇게 생각해 보라. 당신과 내가 각자 비행기를 조종해 로스앤젤레스에서 맨해튼으로 가고 있는데, 당신은 중간에 있는 모든 주를 경유하지만 나는 곧장 날아간다고 하자. 그러면 당신은 시속 800킬로미터로 날고 나는 시속 300킬로에 불과하더라도 내가 당신을 큰 차이로 앞설 것이다. 착륙과 이륙을 반복하며 모멘텀을 되찾는 데 소요되는 시간과 에너지는 당신의 여정을 적어도 열 배 더 늘리고 만다. 사실, 당신은 비행을 채 끝마치지도 못할 것이다. 어느 지점에선가 연료(에너지, 동기, 신념, 의지)가 바닥이 날 테니까. 한번 이륙한 다음 내내 일정한 속도를 유지하는 쪽이, 비록 다른 사람들보다 더 느리다고 할지라도, 훨씬 쉽고 에너지도 적게 소모된다.

꾸준함을 잃었을 때 생기는 일

루틴과 리듬을 지키는 데 게으름을 피우고 싶다는 생각이 슬슬 든다면, 꾸준함을 잃었을 때 지출되는 엄청난 비용을 떠올려 보라. 그 결과는 단지 한 번의 기회를 놓치는 작은 손실에 그치지 않는다. 모멘텀의 붕괴와 상실로 인해 전체 프로세스가 엉망이 될 것이다.

손으로 펌프질을 해서 물을 끌어 올리는 우물을 생각해 보자. 이 펌프 우물은 파이프를 통해 지표면에서 몇 피트 아래에 있는 지하수를 뽑아 올린다. 물을 지상까지 올라와 분출되게 만들려면 손잡이를 위아래로 움직여 진공 상태를 만들어야 한다.

대개의 사람들은 새로운 시도에 나설 때 손잡이를 잡고 아주 강하게 펌프질을 시작한다. 내 친구 리처드처럼 흥분해서 매

아주 작은 변화의 힘

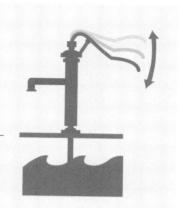

그림 11
꾸준함은 모멘텀을 달성하고
유지하는 열쇠다.

달리는 것이다. 그렇게 펌프질을 계속하지만, 몇 분이 지나도, 혹은 몇 주가 지나도 물(성과)이 전혀 나오지 않으면 아예 포기해 버린다. 물이 파이프 속으로 빨려 들어가 지상까지 나오게 만드는 데 필요한 진공이 형성되는 시간이 얼마나 오래 걸리는지 알지 못하기 때문이다. 뺑뺑이, 우주선, 증기 기관차가 관성에서 벗어날 때와 마찬가지로, 물을 펌프로 끌어 올리는 데도 시간과 엄청난 에너지, 그리고 꾸준함이 필요하다. 대부분은 포기하지만, 현명한 사람들은 펌프질을 멈추지 않는다.

묵묵히 인내하며 펌프질을 계속하면 마침내 몇 방울의 물을 얻게 된다. 여기서 사람들은 이렇게 말한다. "이봐요, 장난하는 거요? 이렇게 고생한 결과가 고작 물 몇 방울이라고요? 당장 그만둬야지!" 이렇게 또 많은 사람이 손을 털고 나가지만, 그래도 현명한 사람들은 남아 버틴다.

그리고 결국, 마법이 일어난다. 강하고 굵은 물줄기가 뿜어져 나온다. 성공이다! 이제 물이 철철 흘러나오니, 더 이상 펌프질을 세고 빠르게 할 필요가 없이 한결 쉬워졌다. 다만 압력을 일정하게 유지하기 위해 꾸준히 펌프질을 하기만 하면 된다. 이것이 바로 컴파운드 이펙트의 본질이다.

이때, 손잡이를 너무 오래 놔두면 어떻게 될까? 물은 다시 땅속으로 내려가고 당신은 원점으로 되돌아가야 한다. 그다음에는 펌프질을 천천히, 꾸준히 한다고 해도 물을 다시 끌어 올릴 수 없다. '빅 모'는 떠났고 물은 지하로 가라앉았기 때문이다. 다시 물을 얻는 방법은 다시 펌프질을 세게 하는 길뿐이다. 우리 대부분이 바로 이렇게, 단속적으로 했다가 말았다가 하면서 삶을 이끌어 간다.

위험을 무릅쓰고 새로운 사업을 시작했지만, 쉴 때는 쉬어야 한다며 중단해 버린다. 하루 열 명의 고객에게 전화를 거는 루틴을 가동했다가 약간의 성과를 내고는 결심이 흐지부지되어 버린다. 배우자와 '데이트의 밤' 루틴을 따라 해 보지만 몇 주 지나지 않아 다시 소파에 앉아 TV를 보며 금요일 밤을 보내고 만다. 나는 사람들이 새로운 책을 사고, 새로운 프로그램에 등록한 다음 몇 주 혹은 몇 달 동안 '미친 듯이 달리는' 경우를 무수히 목격해 왔다. 물론 도중에 포기하고 결국 출발점으로 되돌아오기 일쑤다.(혹시 당신의 이야기가 아닌가?)

헬스클럽에서 운동하기, 배우자에게 애정 표현하기, 고객에게 전화하기 등의 루틴을 딱 2주만 멈춘다고 해서 단지 그 2주 동안 산출됐을 결과만을 잃는 게 아니다. 그 정도 손해가 전부라면(대개 이렇게 생각하지만), 아주 큰 피해라고는 할 수 없다. 그러나 잠시에 불과하더라도 게으름을 피우면, 당신은 '빅 모'를 죽이는 셈이다. 모멘텀이 죽는다. 바로 이것이 진정한 비극이다.

속도와 보폭의 유지가 경주의 승리를 좌우한다. 거북이가 돼라. 충분한 시간 동안 긍정적 습관과 행동을 꾸준히 실천한다면 누구와의 경쟁에서도 이길 수 있다. 꾸준함이 모멘텀에 마력을 불어넣는 비결이다. 그러니 절대 놓지 말라!

올바른 선택을 내리고, 올바른 행동을 고수하고, 완벽한 습관을 실천하고, 꾸준함을 유지하고, 모멘텀을 지키는 일은 말처럼 쉽지 않다. 특히나 끊임없이 역동적으로 변화하고, 수많은 사람과 부대끼며 도전해야 하는 세상에서는 더욱 그렇다.

다음 장에서는 우리가 잘 모르는 사이에 우리의 성공 능력을 돕거나 방해할 수 있는 여러 요인들에 대해 다룰 것이다. 이런 요인들은 어디나 만연해 있고, 강력하고 지속적이다. 이 요인들 때문에 실패하지 않으려면, 활용법을 익혀야만 한다.

실천 노트

✳

자신만의 모닝 루틴과 이브닝 루틴을 구축하라.
예측 가능하고 안전한 루틴의 일정을 설계하라.

당신의 삶에서 충분히 오랫동안 꾸준하게 유지하지 못한 세 가
지 영역을 적어 보라.
그로 인해 어떤 불이익이 발생했는가? 이번에 정한 새로운 루틴
은 꾸준히 유지하겠다고 선언하라.

리듬 기록표에 당신의 궁극적 목표와 관련된 핵심 행동 여섯
가지를 적어라.
리듬을 타서 나중에는 모멘텀을 창출하고 싶은 행동이어야 한다.

5장

나에게 영향을 주는 모든 것을 통제하라

이제는 자신의 선택이 얼마나 중요한지 당신이 정확히 이해했으리라고 기대한다. 사소해 보이는 선택이라도 컴파운드 이펙트가 발휘되면 인생에 엄청난 영향을 미칠 수 있다.

당신 인생의 책임은 100퍼센트 당신에게 있다는 사실 또한 앞에서 다뤘다. 당신이 내린 결정과 당신이 취한 행동에 책임지는 사람은 오직 당신뿐이다. 그렇지만 당신의 선택, 행동, 습관이 매우 강력한 외부의 힘에 의해 영향을 받는다는 점 또한 당신은 반드시 깨우쳐야 한다. 우리는 대부분 그러한 외부의 영향력이 우리의 삶을 얼마나 미묘하게 통제하는지 잘 알지 못한다. 목표를 향한 긍정적 궤도를 유지하려면 그런 영향력을 이해하고 다스릴 필요가 있다. 그래야 그 힘을 성공을 향한 당신의 여정에 방해물이 아닌 지원군으로 활용할 수 있을 것이다.

모든 사람에게 영향력을 발휘하는 세 가지 요인이 있다. 바로 인풋(당신이 자신의 마음에 제공하는 것), 관계(당신이 어울리는 사람들), 환경(당신의 주변)이다.

첫 번째 영향력, 인풋
: 콩 심은 데 콩 난다

자기 신체가 최상의 능력을 발휘하도록 만들고 싶다면, 고품질의 영양소를 섭취하고 정크 푸드 섭취를 억제해야 한다. 두뇌 활동을 최상의 상태로 유지하고 싶다면, 자신의 뇌에 무엇을 제공할 것인지에 대해 더욱 꼼꼼히 따져야 한다. 당신은 부정적인 뉴스나 흥미를 자극하는 예능 프로그램만 계속 제공하고 있지는 않은가? 머릿속에 온갖 가십과 소셜 미디어 영상만 집어넣고 있지는 않은가? 인풋input은 당신의 성과와 생산성에 직접적이고 가시적인 영향을 미친다.

두뇌가 소비하는 대상을 통제하기가 특별히 까다로운 이유

아주 작은 변화의 힘

는, 우리가 그중 상당량을 무의식적으로 받아들이기 때문이다. 물론 음식도 아무 생각 없이 먹을 수는 있지만, 음식이 저절로 입안에 뛰어들지는 않기 때문에 우리 몸에 무엇을 집어넣는지를 집중적으로 통제하는 일은 상대적으로 수월한 편이다. 하지만 뇌의 경우엔 전혀 가치가 없거나, 비생산적이거나, 파괴적인 인풋을 흡수하지 못하도록 각별히 경계해야 한다. 잠재적 창의력을 망칠 수 있는 정보를 감시하고 선별적으로 받아들이는 과정은 끝나지 않는 전쟁과도 같다.

우리 뇌는 행복을 추구하는 방향으로 설계되지 않았다는 점을 이해하는 게 중요하다. 당신 뇌는 오직 한 가지, '생존'에만 관심을 둔다. 늘 '결핍'과 '공격'의 신호를 주시한다. 자원 고갈, 악천후, 잠재적 위협 등 우리에게 피해를 주는 부정적 요소들을 찾아내도록 프로그램되어 있다. 그렇기에 출근길에 절도, 화재, 폭행, 경기 하락에 대한 뉴스를 접하면 당신의 두뇌엔 경고등이 켜진다. 그리고 하루 종일 공포, 근심, 부정적 생각만을 곱씹게 될 것이다. 퇴근 후 저녁에도 마찬가지다. 나쁜 뉴스를 더 달라고? 기꺼이! 이제 그 소식들을 되새기느라 당신의 마음은 밤새 뒤척일 것이다.

이렇듯 원래 기능에만 맡겨 둔다면, 당신의 마음은 밤낮으

로 부정적이고 우려스럽고 두려운 감정에서 벗어나지 못하고
만다. 우리의 DNA를 바꿀 수는 없지만, 행동은 바꿀 수 있다.
우리의 마음이 결핍과 공격 너머를 바라볼 수 있도록 가르치면
된다. 어떻게 하면 그럴 수 있을까? 우리 마음을 보호하고, 잘 먹
이고, 무엇을 받아들일지에 대해 능동적이고 확고하게 대처하면
된다.

불필요한 인풋을 차단하라

당신의 삶은 당신의 창조물이다. 그리고 기대감이 그 창조의 프
로세스를 이끈다. 당신은 무엇을 기대하는가? 당신이 생각하는
바가 결국은 당신의 기대가 된다. 당신의 사고 프로세스, 즉 머
릿속에서 일어나는 대화는 당신이 인생에서 창조하는 결과물의
원천이다. 그러니 당신이 물어야 할 질문은 이것이다.

"나는 무엇을 생각하는가? 무엇이 내 생각에 영향을 끼치고
내 생각을 좌우하는가?"

그리고 이 질문에 대한 답은, '당신이 자신에게 보고 듣도록
허락하는 것'이 된다. 즉, 당신이 자신의 뇌에 공급하는 '인풋'인
것이다.

아주 작은 변화의 힘

그림 12
긍정적이고 영감을 주며 힘이 되는 생각(깨끗한 물)으로 부정적인 생각
(더러운 물)을 밀어내라.

　당신의 마음은 빈 유리컵과 같다. 그 안에 무엇이든 채울 수
있다. 선정적인 뉴스, 외설적인 헤드라인, 헛소리와 불평불만으
로 마음을 채운다면 더러운 물을 유리컵에 붓는 것이나 마찬가
지다. 유리컵에 어둡고 음울하고 우려스러운 물이 담기면, 당신
이 만드는 모든 것 또한 더러워진 필터를 통과해야 하는 것이다.
그게 당신이 생각하는 전부이기 때문이다. 쓰레기를 집어넣으면
쓰레기가 나온다. 콩 심은 데 콩 나는 법이다. 하루 종일 살인, 음
모론, 죽음, 경제, 정치적 논쟁이 당신의 사고 프로세스를 이끌

고, 그 사고 프로세스가 당신의 기대를 만들고, 그 기대가 당신의 창조물을 결정한다.

이것이야말로 정말 최악의 소식이다. 그러나 물이 아무리 더럽더라도 깨끗한 물을 계속 붓는다면, 결국엔 순수하게 맑은 물로 가득한 유리컵을 갖게 될 것이다. 여기서 '깨끗한 물'이란 무엇인가? 긍정적이며, 영감을 주고, 힘이 되는 인풋과 생각이다. 숱한 어려움을 뚫고 장애물을 극복해 위대한 업적을 세운 사람들의 이야기들. 성공, 번영, 건강, 사랑, 그리고 즐거움을 얻을 수 있는 전략들. 더 큰 풍요를 일구고, 성장하고 확장하기 위한 아이디어들. 바로 이런 것들을 나는 매일 전하고 얻고자 노력한다. 그래서 아침과 저녁에 30분간 영감과 교훈을 전하는 읽을거리를 접하고, 운전이나 운동을 하면서, 혹은 개를 산책시키거나 집안일을 하면서 자기계발과 관련된 팟캐스트를 듣는다. 나는 이렇게 내 마음의 유리컵을 깨끗한 물로 채우고 있다. 이렇게 하면 아침에 일어나자마자 신문을 읽고 출퇴근길에 라디오 뉴스를 들으며 잠자리에 들기 전에도 뉴스를 보는 사람을 앞설 수 있는 힘이 내게 생길까? 물론이다! 그리고 당신에게도 같은 효과가 나타날 것이다.

아주 작은 변화의 힘

당신의 유리컵을 감시하라

동굴이나 무인도에서 혼자 사는 게 아니라면, 당신의 유리컵에는 더러운 물이 들어갈 수밖에 없다. 거리를 걸으면서 숱한 광고판과 뉴스에 노출되고, 식료품을 사려고만 해도 넘쳐나는 자극적인 헤드라인을 마주치게 되니까. 친구나 가족, 당신 자신의 부정적인 생각 또한 당신의 유리컵에 더러운 물을 부어 버릴 수 있다.

그러나 이 모든 것들에 당신이 노출되는 걸 제한할 방법이 전혀 없지는 않다. 소셜 미디어를 이용하면서 부정적인 포스트를 피할 수는 없겠지만, 소셜 미디어 이용 시간을 줄일 수는 있다. 출퇴근 시간에 라디오 뉴스를 듣는 대신 교훈과 영감을 주는 오디오북이나 팟캐스트를 들을 수 있다. 휴대폰을 내려놓는 대신 당신이 사랑하는 사람과 대화를 나눌 수 있다. 교육적이고 긍정적인 프로그램을 접하기 위해 TV를 켜면 당신에게 무능함과 부족함을 느끼게 하여 잡동사니를 사도록 만드는 광고를 금방 만나게 될 것이다.

나는 TV를 거의 보지 않으며 컸다. 인기 드라마를 봤던 기억은 있지만, 우리 가족의 생활에서 TV는 그리 큰 비중을 차지하지 않았다. TV 없이도 충분히 잘 살아왔기에, 지금도 가끔 TV

프로그램을 접할 때 나는 확고한 기준을 가지고 본다. 물론 예능 프로그램을 보면서 따라 웃긴 하지만 나중에는 패스트푸드를 먹을 때처럼 배는 부르지만 영양가는 없는 식사를 한 듯한 느낌에 사로잡힌다. 사람들은 인간의 심리, 공포, 고통, 욕구, 약점을 먹이로 삼는 광고의 유혹을 이겨 내기가 쉽지 않다. 하지만 만약 '지금의 나로는 충분하지 않다'고 생각하게 만들어서 이것저것을 사게 만드는 광고에 휘둘리며 살았다면, 어떻게 내가 지금과 같은 놀라운 결과를 일궈 낼 수 있었겠는가?

12세 이상의 미국인들은 TV 시청에 연간 1704시간을 소비하는 것으로 추산된다. 하루 평균 4.7시간을 쓰는 것이다. 깨어 있는 시간의 거의 30퍼센트에 달한다. 일주일이면 약 33시간이니, 하루보다도 더 긴 시간이 아닌가! 1년 중 두 달을 TV 보는 데 온전히 바치고 있는 셈이다. 그러면서도 사람들은 자신이 성공하지 못하는 이유를 궁금해한다.

미디어 소비에도 다이어트가 필요하다

미디어는 사람들을 인질로 삼기를 즐긴다. 꽉 막힌 고속 도로에 갇혀서 옴짝달싹하지 못했던 경험이 있는가? 그런데 정체 구간

아주 작은 변화의 힘

을 빠져나가다 보면, 교통 흐름을 물리적으로 막고 있는 건 없다. 사고 차량은 이미 길가에 치워진 상태다. 그런데도 왜 차들은 여전히 거북이 걸음인 걸까? 운전자들이 죄다 사고 차량을 구경하고 있기 때문이다! 순간 짜증이 확 올라온다. 하지만 당신도 예외는 아니다. 사고 차량 옆을 지나치면서 당신 역시 속도를 줄이고 사고 지점을 향해 목을 길게 뽑을 테니까!

선량하고 품위 있는 사람들일지라도 비극적이고 기이한 광경을 보고 싶어 하는 이유가 뭘까? 자기를 보호하려는 본능이 우리 유전자에 새겨져 있기 때문이다. 어쩔 수 없다. 아무리 부정적인 모습을 피하는 데 능숙해지고, 긍정적인 사람이 되도록 자신을 단련한다고 해도 우리의 본성은 선정적인 대상에 저항하지 못한다. 미디어의 달인들은 이를 잘 알고 있다. 그들은 여러 면에서 당신의 본성을 당신보다 더 잘 안다. 미디어는 관심을 끌어당기기 위해 자극적이고 선정적인 헤드라인을 늘 사용해 왔다.

수백 개의 방송 채널이 24시간 내내 돌아가고, 셀 수 없이 많은 뉴스가 우리의 컴퓨터와 스마트폰에 쏟아져 들어온다. 사람들의 주목을 끌기 위한 전쟁은 그 어느 때보다 치열하고, 미디어는 충격 요법의 비중을 점점 늘려 가고 있다. 그들은 매일 세계 곳곳에서 발생하는 가장 악랄하고 수치스럽고 치명적이고 암울하며 진저리 쳐지는 소식들을 찾아내어 신문과 뉴스 채널, 웹사이트에 계속 퍼뜨린다. 게다가 요즘에는 소셜 미디어 또한 이런 부정적인 소식들을 나누고 전달하는 데 한몫하고 있다. 같은 24시간 동안 수백만 가지의 놀랍고, 아름답고, 멋진 일들이 발생하지만, 이런 이야기들을 우리는 거의 듣지 못한다. 부정적인 소식을 찾아 나서는 본능 때문에 우리 자신도 모르게 더러운 물에 대한 수요를 점점 더 많이 창출하고 있는 것이다. 그러니 긍정적인 뉴스로 어떻게 높은 시청률과 광고비를 기대할 수 있겠는가!

다시 고속 도로로 돌아가 보자. 자동차 사고가 아니라 만약 마치 기적과도 같이 아름다운 일몰이 펼쳐져 있다면 어떨까? 이때도 차가 막힐까? 나는 이런 풍경을 이미 여러 번 봤지만, 그때마다 자동차들은 쌩쌩 달리기 바빴다.

미디어가 가지는 가장 큰 위험성은 세상에 대해 매우 왜곡된 관점을 준다는 점이다. 부정적인 메시지에 이목이 쏠리고 반복되기 때문에 우리의 마음이 그 메시지를 믿기 시작한다. 이렇게 뒤틀리고 좁은 관점은 당신의 창의성에 악영향을 준다. 그 피해는 생각보다 심각할 수 있기 때문에 늘 경계해야 한다.

두 번째 영향력, 관계
: 당신 주변에는 누가 있는가

유유상종이란 말이 있다. 당신이 습관적으로 함께 어울리는 사람들을 '준거 집단reference group'이라고 부른다. 하버드대학교의 사회심리학자 데이비드 매클리랜드David McClelland 박사의 연구에 따르면, 한 사람의 인생에서 성공이나 실패 중 95퍼센트가 준거 집단에 달려 있다고 한다.

당신은 누구와 대부분의 시간을 보내는가? 당신이 가장 존경하는 사람은 누구인가? 두 그룹이 정확히 일치하는가? 그렇지 않다면, 그 이유는 무엇인가? 우리는 자신과 가장 많은 시간을 보내는 다섯 사람의 '평균'으로 수렴하게 된다고 짐 론은 가르쳤다. 그는 그 사람 주위에 어떤 이들이 있는지를 보면 그 사람의 건강, 태도, 수입의 수준을 짐작할 수 있다고 말했다. 우리가 시간을 함께 보내는 사람들은 어떤 대화가 우리의 관심을 끌것인지, 우리가 어떤 태도와 의견에 규칙적으로 노출될지를 좌우한다. 결국 우리는 그들이 먹는 대로 먹고, 그들이 말하는 대로 말하고, 그들이 읽는 대로 읽고, 그들이 생각하는 대로 생각하고, 그들이 바라보는 대로 보고, 그들이 사람들을 다루는 방식으로 사람들을 대하며, 심지어 그들이 입는 옷과 비슷한 옷을 입기 시작한다. 우습게도, 정작 우리 자신은 우리와 그 '다섯 사람' 간의 유사성을 전혀 깨닫지 못하는 경우가 많다.

왜 그걸 모르는 걸까? 그 친교 관계가 우리를 어떤 한 방향으로 눈에 띄게 몰아넣는 게 아니기 때문이다. 그들은 오랜 시간에 걸쳐, 아주 조금씩 우리를 밀고 들어온다. 그들의 영향력은 감지하기가 너무나 어렵다. 마치 튜브를 타고 바다 위에 떠 있을 때, 부드러운 파도가 해안에서부터 멀리까지 우리를 밀어내고 있다는 사실을 뒤늦게야 깨닫는 것처럼 말이다.

친구들이 저녁 식사 전에 기름진 애피타이저를 주문하거나 칵테일을 주문한다고 생각해 보라. 매번 으레 벌어지는 일이다. 그들과 자주 어울린다면 당신도 치즈가 범벅이 된 나초와 감자칩에 손을 뻗고, 친구들을 따라서 맥주와 와인을 더 주문하게될 것이다. 반면, 친구들이 건강에 좋은 음식을 주문하고, 지금 읽고 있는 책의 내용과 자신의 포부를 공유한다면, 당신은 그들의 행동이나 습관에 동화되기 시작할 것이다. 당신은 그들의 관심사를 이야기하고, 그들이 재밌게 본 영화를 관람하며, 그들이 추천한 곳으로 여행할 것이다. 친구들이 당신에게 미치는 영향력은 이처럼 긍정적일 수도 있고 부정적일 수도 있다. 다만 어떤 방향으로든 그 영향력은 믿을 수 없을 정도로 강력하다. 그러니 경계하라! 부정적인 사람들과 어울리면서 긍정적인 삶을 기대할 수는 없으니까.

당신과 가장 많이 어울리는 다섯 사람의 수입, 건강, 태도에 평균적으로 얼마의 점수를 줄 수 있겠는가? 혹시 점수를 내 보기가 두려운가? 당신이 잠재력을 키우길 원하는 특징이 있다면, 가장 좋은 방법은 이미 그 특징이 뛰어난 사람과 많은 시간을 함께 보내는 것이다. 그러면 그 영향력이 당신에게 이득이 되는 방향으로 작용한다는 점을 곧 알게 된다. 그들이 성공을 거머쥐는 데 도움이 된 행동과 태도가 당신 루틴의 일부분이 될 것이기 때문이다. 그들과 충분히 오래 어울린다면 당신 인생에서도 그들과 비슷한 성공적 결과를 실현할 수 있다.

당신이 가장 많은 시간을 함께 보내는 다섯 사람의 이름을 적어 보라. 그리고 긍정적이든 부정적이든 그들의 주요 특징을 써 보라. 구체적으로 그들이 누군지는 중요하지 않다. 당신의 배우자, 형제자매, 이웃, 동료 직원일 수도 있다. 이제 그 다섯 사람의 평균을 내 보라. 평균적인 건강 상태, 평균적인 재정 상태, 평균적인 인간관계는 어느 수준인가? 그 결과를 보며 자신에게 물어보라. "이들이 내게 괜찮은 사람들인가? 내가 되고 싶은 그런 사람들인가?"

이제 시간을 함께 보내는 사람들을 재평가하고 우선순위를 조정할 시간이다. 그들과의 관계는 당신을 살찌울 수도, 굶길 수도 있다. 당신을 지켜 줄 수도 있고 옴짝달싹 못 하게 만들 수도 있다. 누구와 시간을 함께 보낼지 조심스럽게 숙고하기 시작했다면, 좀 더 깊이 들어가 보자. 짐 론이 내게 가르친 방법대로, 당신의 인간관계를 '관계를 끊어야 할 사람들(절교)', '제한적으로 어울려야 할 사람들(제한적 친교)', '관계를 넓혀야 할 사람들(확장된 친교)'이라는 세 가지 영역으로 나누어 평가해 보는 것이다.

관계를 끊어야 할 사람들

부모는 아이가 함께 어울리는 사람들의 부정적인 영향력으로부터 자녀를 보호하고자 한다. 그러려면 그 사람들이 아이에게 어떤 영향을 끼치는지, 그 결과 아이가 어떤 선택을 내리는지 파악해야 한다. 그리고 이 원리는 당신 자신에게도 적용돼야 한다!

당신은 이미 알고 있다. 어떤 사람과 절교해야 하는지를. 쉬운 일은 아니겠지만 반드시 해야 하는 일이다. 당신은 더 이상 자신에게 부정적인 영향력이 가해지지 않도록 힘든 결정을 내려야 한다. 당신이 바라는 삶의 질을 결정하라. 그리고 그 결정을 대변하고 지지하는 사람들 주변에 자신을 위치시켜라.

나는 성장과 긍정적인 삶을 거부하는 사람들을 지속적으로 내 삶에서 제거해 나가고 있다. 인간관계를 성장시키고 변화시키는 일은 평생 지속해야 할 과정이다. 누군가는 내가 너무 냉정하다고 하지만, 사실 지금보다 더 철저하게 관리하고 싶은 마음이다. 과거에 내가 정말 좋아했던 사람과 사업상 관계로까지 얽힌 적이 있었다. 하지만 불황이 찾아오자 그의 대화는 대부분 지금이 얼마나 끔찍한 상황인지, 자신의 회사가 얼마나 힘든지에 관한 이야기에만 집중됐다. 나는 그에게 말했다. "삶이 얼마나 나쁜지에 대한 얘기는 이제 그만두는 게 어떤가? 자네는 그런 믿음을 뒷받침할 데이터만 자꾸 모으고 있는 것 같아." 이런 충고에도 불구하고 그는 모든 것을 실제보다도 더 암울하고 희망이 없는 관점에서 바라보려고만 했다. 나는 그와의 관계를 더 이상 유지할 이유가 없다고 판단했다.

당신을 맥 빠지게 만드는 사람들과 당신 자신 사이에 담장을 설치한다는 어려운 결정을 내려야 한다면, 그들이 당신에게 시비를 걸어오리라는 예상도 미리 해 두기 바란다. 당신과 가까운 사람일수록 더욱 그렇다. 더 긍정적이고 목표 지향적인 인생을 살겠다는 당신의 결정은, 그들 입장에서는 자신들의 볼품없는 선택을 비춰 주는 거울이 되기 때문이다. 따라서 당신이란 존재는 그들의 기분을 상하게 만들 것이고, 그들은 당신을 자신들과 같은 수준으로 끌어내리려 애쓸 것이다. 그들이 저항하는 이유는 당신을 사랑하지 않거나 당신에게 좋은 것을 베풀고 싶지 않아서가 아니다. 즉, 당신 때문이 아니다. 자신들의 볼품없는 선택과 노력 부족에 대해 자책과 두려움을 느끼기 때문이다. 이처럼 관계를 끊어 내는 일은 생각보다 쉽지 않다는 것을 알아 두기 바란다.

3분짜리 관계만 허용할 사람들

3일까지는 아니지만 3시간 정도는 같이 시간을 보낼 수 있는 사람들이 있다. 또한, 3시간까지는 아니지만 3분 정도는 같이 할 수 있는 사람들도 있다. 항상 기억하라. 친교의 영향력은 강력하기도 하고 미묘하기도 하다는 것을. 당신과 함께 걷는 사람이 느리든 빠르든 그 사람의 속도는 당신의 걸음 속도에 영향을 끼친다. 비유가 아니라 실제로 그렇다. 마찬가지로 당신과 함께 시간

아주 작은 변화의 힘

을 보내는 사람들의 태도, 행동, 반응에 당신이 영향을 받지 않을 도리는 없다.

다른 사람들이 자기 자신을 어떻게 드러내는지 잘 관찰한 다음, 그들로부터의 영향을 자신에게 얼마나 '허용'할 것인지 결정하라. 어려운 일이라는 걸 나는 잘 안다. 이런 경우를 여러 번, 심지어 가까운 가족에게도 경험했으니까 말이다. 하지만 그게 누구든 간에 나는 타인의 행동이나 태도가 내게 부정적인 영향을 끼치도록 허용하지 않는다.

내게는 '3분짜리 친구'에 해당하는 이웃이 있다. 3분 동안은 그 사람과 충분히 유쾌한 잡담을 나눌 수 있지만, 그 잡담이 결코 3시간까지 길어질 일은 없다. 고등학교 동창과 3시간은 어울려 놀 수 있지만, 3일이나 같이 보내지는 않을 것이다. 또 며칠 동안이라면 기꺼이 함께 어울릴 수 있는 사람들이 있지만, 그들과 긴 여행을 함께할 일은 생기지 않을 것이다. 당신의 관계를 살펴보라. 혹시 3분짜리 친구와 3시간을 함께 보내고 있지는 않은가?

당신이 만나야 할 사람들

부정적인 영향을 끼치는 사람들을 제거함과 동시에 해야 할 일이 있다. 바로 당신이 향상시키길 원하는 삶의 영역에서 긍정적인 특징을 가지고 있는 사람을 구별해 내는 일이다. 사업에 성공한 사람일 수 있고, 당신이 원하고 부러워하는 능력을 가진 사람일 수도 있으며, 당신이 꿈꾸는 라이프 스타일을 즐기는 사람일 수도 있다. 그들과 더 많은 시간을 함께 보내라. 그들이 모이는 단체나 기업, 헬스클럽에 들어가 친구가 돼라. 나는 그런 사람들과 뜻깊은 시간을 보내기 위해 꽤 멀리까지 차를 몰고 가곤 했고, 그곳에서 행운도 여러 차례 얻었다.

내가 이 책에서 내내 칭송해 온 짐 론은, 내 아버지를 제외하면 내게 가장 중요한 멘토이자 인플루언서다. 짐과 나의 관계는 '확장된 친교'의 전형적 예이다. 나는 개인적으로 그와 식사를 함께하거나 인터뷰, 혹은 행사 전 무대 뒤에서 짧은 시간을 함께 보내기도 했지만, 실제로 그와 함께한 시간 중 대부분은 차에서 그의 강연을 오디오로 듣거나 거실에서 그의 책을 읽는 시간이었다. 내가 짐에게서 들은 조언은 1000시간이 넘는 분량이지만, 그중 99퍼센트는 책과 오디오를 통해서였다. 정말 신나는 일은 당신이 어디에 있든 상관없다는 점이다. 어린 자녀나 늙은 부모를 보살피느라 집에서 바쁜 시간을 보내더라도, 당신과는 공통점이 거의 없는 사람들과 일하더라도, 도시에서 멀리 떨어진 시골에서 살더라도, 당신이 원하는 사람이라면 누구든지 당신의 멘토로 삼을 수 있다. 그 사람의 생각, 이야기, 아이디어를 책, 영상, 팟캐스트 등으로 습득할 수 있다. 무궁무진할 정도로 풍부한 그 소스들을 잘 활용하라. 많은 사람이 내 비서에게 연락해 내 조언을 구하고 싶다고 얘기한다. 그들에게 비서가 해 주는 말은 "홈페이지를 참조하세요"뿐이다.

더 좋고, 더 깊고, 더 의미 있는 관계를 원한다면 자기 자신에게 물어보라. "내가 원하는 인간관계는 어떤 유형의 사람인가? 그 사람과 어떻게 더 시간을 보낼 수 있을까? 내게 긍정적인 영향을 끼칠 수 있는 그 사람과 어떻게 만날 수 있을까?" 그들이 내뿜는 빛이 당신에게 향하도록 만들라. 당신이 원하는 분야에서 가장 뛰어나고 가장 성공한 사람들과 친구가 돼라. 그들은 어떤 책을 읽는가? 어디에서 식사를 하는가? 그들과의 관계가 당신에게 어떤 영향을 미치는가? 각종 네트워킹 단체나 온라인 커뮤니티를 통해서 이런 확장된 친교를 구축할 수도 있다. 자선단체, 연주 모임, 스포츠클럽 등 당신이 따르고 싶은 사람들이 어디에서 모이는지 찾아내라.

당신의 '성공 파트너'를 찾아라

확장된 친교를 구축하기 위한 또 하나의 방법은 당신과 똑같이 배움과 개인적 성장에 매진하는 사람, 즉 '성공 파트너'와 팀을 이루는 것이다. 성공 파트너는 당신이 신뢰하는 사람이어야 하고 당신 자신, 그리고 당신의 태도와 성과에 대해 진정으로 관심이 있다고 기꺼이 말할 수 있는 사람이어야 한다. 당신의 오래된 친구일 수도 있지만, 당신을 잘 알지 못하는 사람일 수도 있다. 편향적이지 않고 정직한 외부의 관점을 얻는 게 핵심이다.

나는 친한 친구 랜든 테일러를 오랫동안 내 파트너로 삼고 있다. 앞에서 언급했듯 그와 나는 매주 금요일 30분간 통화하면서 일주일 동안의 성과와 실패, 개선점, 깨달음, 성장 진도 등을 논의한다. 파트너와 통화를 해야 하고 잘 설명해야 한다는 인식 덕택에 나는 일주일 내내 내 성장에 더 전념할 수 있다.

나 역시 랜든의 실패나 그에게 필요한 피드백을 기록해 두었다가 그다음 주가 되면 반드시 그 사항들을 물어본다. 랜든 또한 내게 같은 역할을 해 준다. 이 과정을 통해 우리는 서로에 대한 책임감을 유지한다. "자, 자네는 지난주에 일을 망쳐 버렸다고 인정했고 뭔가 바꿔 보겠다고 결심했었지. 그래서 이번 주에는 어떻게 했나?" 우리 둘 다 바쁜 사람이지만, 매주 약속을 어기는 법 없이 완수해 낸다는 사실에 새삼 놀랄 때가 많다.

물론 쉽지는 않다. 때로는 정신없이 하루하루를 보내다가 "아, 맙소사! 전화할 시간이구나" 하고 부랴부랴 준비를 할 때도 있다. 하지만 그와 통화하는 도중에 금방 '이런 대화를 나눌 수 있어서 너무나 기쁘다!'라는 생각이 든다. 통화를 준비하면서 나는 일주일간의 성공과 실패를 곱씹게 되는데, 그때마다 자신에 대해 하나씩 더 배운다. 이번 주에 나는 랜든에게 이렇게 말했다. "알다시피, 나는 지금 여러 가지를 동시에 하고 있어. 책도 쓰고 있지. 나는 여러 가지를 깨달았고, 많은 통찰도 얻었어. 하지만 정말로 대단한 일은 없었다는 생각이 들어." 그는 이렇게 받아쳤다. "지난주에도 별것 없었다는 말로 통화를 시작하지 않았나? 나를 속이지 말게나." 그의 말이 옳다. 사실 그와 나눌 정도로 인상적인 일은 하나도 없었다며 나 자신까지 속여 넘기려 했던 것이다.

나는 당신에게 진심으로 충고한다. 진정한 피드백을 원하는가? 그렇다면 당신을 위해 인정사정 두지 않고 솔직히 말해 줄 사람을 찾아라. 그 사람에게 이렇게 물어라. "내가 당신의 눈에 어떻게 보입니까? 내 강점은 뭐라고 생각합니까? 내가 어떤 점을 개선할 수 있을까요? 어떤 면에서 내가 나 스스로를 억압하는 것 같나요? 지금 당장 그만둔다면 내게 가장 큰 이득이 될 만한 건 뭘까요? 지금 당장 시작해야 할 것은 또 뭘까요?"

멘토십에 투자하라

내 또 한 명의 멘토였던 폴 마이어는 2009년, 81세를 일기로 사망했다. 돌아보면 정말로 내가 뭔가를 이루고 있다는 생각이 들 때마다, 뭔가를 정말로 즐기고 있다는 생각이 들 때마다 나는 폴과 함께하고 있었다. 그는 나에게 현실을 제대로 인식하게 해 준 사람이었다. 아침부터 점심시간까지 그가 처리했던 수많은 일은 나로서는 상상조차 하기 어려울 정도로 놀라웠다. 나는 그와 많은 시간을 함께 보내야 했다. 그는 내가 설립한 회사 한 곳을 매수했고, 나는 그의 회사 한 곳을 회생시켜 주었다. 그는 내가 평생 만났던 사람 중에서 가장 강력한 영혼의 소유자였다.

폴과 함께 시간을 보낼 때면 그의 계획과 도전, 활동에 대해 듣곤 했는데 그때마다 나는 어안이 벙벙해지곤 했다. 그가 해

아주 작은 변화의 힘

온 일들을 이해하는 것만으로도 지칠 정도였다. 폴과 헤어지고 나면 낮잠을 자고 싶었으니까! 그러나 그와의 친교는 나의 삶을 크게 개선시켜 주었다. 그의 걸음은 내게는 뜀박질 같았다. 그는 내가 얼마나 큰물에서 놀 수 있는지, 얼마나 큰 야망을 가질 수 있는지에 대해 새로운 관점을 선사해 주었다. 당신도 그런 사람을 주변에 둬야 한다!

멘토 한 명으로는 충분치 않다. 동기부여 전문가인 하비 맥케이Harvey Mackay는 내게 이렇게 말했다. "지금까지 열두 명의 코치를 둬 왔어요. 믿을지 모르겠지만, 스피치 코치, 글쓰기 코치, 유머 코치, 외국어 코치 등등이 있었죠." 크게 성공한 사람들, 진정한 최고의 성과를 달성한 사람들은 언제나 최고의 코치와 트레이너를 고용하는 데 기꺼이 돈을 지불한다. 이 사실은 내게 언제나 흥미롭게 느껴진다. 성과 향상에 그런 투자가 늘 도움이 된다는 걸 깨우쳐 주기 때문이다.

멘토를 찾고 관계를 맺는 과정이 특별히 신비롭거나 대단해야 하는 건 아니다. 켄 블랜차드가 내게 멘토십mentorship의 단순함에 대해 설명했던 적이 있다. "멘토에 대해 기억해야 할 가장 중요한 것은 멘토의 시간을 많이 뺐을 필요는 없다는 겁니다. 내가 받은 최고의 조언은 누군가와 함께 아침이나 점심을 먹으면서 나왔죠. 많은 시간을 잡아먹지만 않는다면, 성공한 사업가들이 기꺼이 당신의 멘토가 되어 준다는 사실에 놀라게 될 겁니다."

전설적인 농구 코치 존 우든은 사람들이 멘토가 되기를 열망한다는 점을 강조했다. "멘토링이야말로 진정한 유산이라 할 수 있습니다. 다른 사람들에게 물려줄 수 있는 가장 큰 유산이기도 하죠. 그리고 절대 끊어지는 일도 없습니다. 우리가 아침에 일어나는 이유가 그거예요. 누군가를 가르치고 누군가로부터 배우기 위해서죠." 그는 멘토십이란 양방향으로 이뤄지는 거라고 설명했다. "누구든지 열린 마음으로 멘토의 지도를 받는 게 좋습니다. 우리 삶과 마음이 주변 사람들에 의해 영향을 받고, 형성되고, 강화되도록 허락하는 것은 우리의 의무인 것이죠."

당신만의 자문단을 구성하라

더 현명해지고, 더 전략적으로 살고, 더 효과적으로 인생을 운영하기 위해, 또 뛰어난 리더들과 함께 보내는 시간을 늘리기 위해 나는 내 개인적인 자문단을 구성해 두고 있다.

나는 직접 전문성, 창의적 사고 능력, 그들에 대한 내 존경심을 평가 기준으로 삼아 열두 명을 선별했다. 그리고 일주일에 한 번 그들 중 몇 명을 찾아가 아이디어를 구하고, 그들의 생각을 듣고, 피드백과 인풋을 요청한다. 이 프로세스를 시작함으로써 내가 얻은 이득은 정말 엄청났다고 당신에게 분명히 말할 수 있다. 내 예상보다도 훨씬 더 컸다고 말이다! 당신이 정말로 진실된 관심만 보인다면, 놀랍게도 천재적인 사람들이 기꺼이 자신의 지혜를 나눠 줄 것이다.

이 자문단은 어떤 사람들로 구성해야 할까? 당신이 인생에서 이루고 싶은 성공을 달성한, 긍정적인 성품의 사람을 찾아라. 그리고 이 격언을 기억하라. "상대처럼 되고 싶지 않은 사람에게 조언을 구하지 말라."

세 번째 영향력, 환경
: 시선을 바꾸면 풍경이 달라진다

내가 부동산 업계에 종사하면서 샌프란시스코에서 일할 때, 나의 생활 반경은 지리적으로 매우 제한적이었다. 나와 비슷한 수준과 유형의 사람들만 계속 만나게 됐다. 내가 진정 가고 싶은 곳에 이르기 위해서는 인간관계의 격을 높여야 한다는 사실을 깨달았다.

　나는 차를 몰아 세계에서 가장 부유하고 아름다운 지역인, 샌프란시스코 북쪽 마린 카운티의 티뷰론Tiburon을 방문하기 시작했다. 티뷰론은 모나코를 연상시키지만, 훨씬 고풍스럽고 기가 막힌 경치를 품은 곳이다. 그곳의 유명한 해산물 레스토랑에 자주 갔는데, 음식이 훌륭하기 때문이기도 했지만, 티뷰론의 부유한 주민들에게 인기가 높았기 때문이었다.

　부둣가에 앉아 언덕을 올려다보는 것도 좋았다. 절벽에 매달린 듯 지어진 수백만 달러짜리 저택들에 완전히 넋이 빠졌다. 항상 내 눈을 특별히 사로잡는 집 한 채가 있었는데, 엘리베이터에 피뢰침이 설치된 4층짜리 파란색 저택이었다. '저만큼 완벽한 집이 또 있을까?' 나는 매번 감탄했다. '누가 저 집 중에서 한 채를 준다고 하면, 나는 어떤 집을 고를까?' 답은 늘 같았다. 그 아름다운 파란색 저택이었다. 눈부신 풍경 속 완벽한 위치에 있는, 단연 군계일학이었다.

　어느 날 아침, 브런치를 먹고 집으로 되돌아가려던 참에 나는 '주택 매매' 팻말을 발견하고 한번 구경하는 것도 재미있을 거라 생각했다. 그래서 언덕 쪽으로 지그재그 난 좁은 길을 따라 올랐다. 언덕 꼭대기에 도착하니 광고에 나온 집이 바로 보였다.

　　　　　　　아주 작은 변화의 힘

집 내부로 들어가 바다로 향한 거대한 창으로 다가가니 온 세상이 내 앞에 열렸다. 티뷰론 반도 끝에서부터 골든 게이트 다리까지 샌프란시스코의 전경이 눈앞에 360도로 펼쳐졌다. 그리고 발코니 쪽으로 걸어 나와 주위를 둘러보고서야 비로소 이 집이 내가 몇 년 동안 동경해 왔던 바로 그곳임을 깨달았다! 바로 그 아름다운 파란색 저택이었다. 나는 그 자리에서 계약서에 서명했다. 꿈에 그리던 그 집을 내 집으로 만든 것이다!

　해산물 레스토랑에서 내 인생을 변화시킨 사람을 만나지는 못했다. 하지만 그곳의 환경은 나에게 강력한 영향을 끼쳤다. 언덕 위의 집들을 올려다보며 나는 내 야망에 불을 지폈고 내 꿈을 확장할 수 있었다. 그리고 내가 가능하다고 생각했던 것보다 더 열심히 노력해 그 꿈을 현실로 이뤄 냈다!

　당신 가슴 속의 꿈이 당신이 머무는 환경보다 더 클 수 있다. 때때로 당신은 그 환경에서 빠져나와 당신의 꿈이 현실로 이뤄진 모습을 바라봐야 한다. 떡갈나무 묘목을 화분에 심으면 머지않아 뿌리가 화분을 꽉 채운다. 그러면 성장도 거기까지가 한계다. 아름드리 떡갈나무가 되려면 더 큰 공간이 필요하다. 당신의 인생도 마찬가지다.

　내가 말하는 환경이 당신의 주거 공간만을 이야기하는 것은 아니다. 당신을 둘러싼 주변의 모든 것들을 말하는 것이다. 성공을 위한 긍정적 환경을 만든다는 건 온갖 잡동사니를 전부 치워 버린다는 뜻이다. 생산적이고 효율적으로 일을 수행하기 어렵게 만드는 물리적인 잡동사니뿐만 아니라(물론 청소도 중요하지만), 별 효과가 없고 당신을 움츠리게 만드는 심리적인 잡동사니 또한 죄다 정리해야 한다. 당신의 삶에서 제대로 완성되지 않은 것들은 하나같이 당신을 지치게 만드는 힘으로 작용한다. 흡혈귀가 피를 훔치듯이 성취와 성공의 에너지를 빨아들인다. 지켜지 않은 약속, 다짐, 합의는 모멘텀을 봉쇄하고 앞으로 나아가려는 의지를 방해하기 때문에 당신의 힘을 차츰 약화시킨다. 완료되지 않은 과제들은 당신을 끊임없이 과거로 불러들인다. 그러니 오늘 당신이 충분히 완성할 수 있는 일에만 집중하라.

또한, 목표에 도움이 되는 환경을 구축하고자 한다면, 당신이 참고 받아들이는 것들에 의해 삶이 좌우된다는 점을 기억하기 바란다. 삶의 모든 영역에 해당되는 얘기지만, 특히 가족, 친구, 동료와의 관계에서 더욱 그렇다. 당신이 용인하기로 결정한 것은 당신 인생의 상황과 배경에 그대로 반영된다. 바꿔 말하자면, 당신은 당신이 수용하고 당신이 가치 있다고 여기는 만큼의 삶을 살게 되는 것이다.

아주 작은 변화의 힘

만약 무례를 용인한다면, 당신은 무례한 대접을 받을 것이다. 사람들이 약속시간에 늦는 걸 참으면, 사람들은 매번 당신을 기다리게 만들 것이다. 제대로 보수를 받지 못하면서도 늦게까지 일 시키는 것을 용인한다면, 그런 상황이 계속 반복될 것이다. 자신에게 찾아오는 비만과 피로, 만성적 통증을 그대로 둔다면, 그 상태대로 살게 될 것이다.

놀랍게도 삶은 당신이 스스로 설정한 기준에 따라 형태를 갖춘다. 자기 자신을 타인이 취한 행동의 희생자라고 생각하는 사람도 있지만, 사실 우리는 타인이 우리를 다루는 방식까지 통제할 수 있다. 당신의 감정적, 정신적, 신체적 공간을 보호하라. 그러면 세상이 당신을 향해 퍼붓는 혼돈과 스트레스를 벗어나 평온함 속에서 살 수 있다.

리듬과 꾸준함의 루틴을 엄격히 발전시킴으로써 '빅 모'가 당신을 찾아와 함께 살기를 원한다면, 당신을 둘러싼 환경이 당신의 활동과 성과를 환영하고 지지하도록 만들어야 한다.

다음 장에서는 당신이 지금까지 배운 바를 모두 종합하여, 성과를 가속화하는 비결을 알아볼 것이다. 적은 노력만으로 더 큰 결과를 얻는다는 말이 거짓말이나 불공정한 특혜처럼 들릴지 모르겠다. 하지만 인생이 공평하다고 누가 그러던가?

실천 노트

✳

미디어와 각종 정보가 당신의 삶에 미치는 영향을 규명하라.
당신의 유리컵(마음)을 보호하려면 어떤 인풋을 막아야 하는지,
긍정적이고 희망적이며 도움이 되는 인풋으로 당신의 유리컵을
가득 채우려면 어떻게 해야 할지 결정하라.

현재의 인간관계를 평가하라.
누구와의 관계를 끊어야겠는가? 누구와 제한적인 친교를 유지
해야겠는가? 당신의 인간관계를 어떻게 확장해야 할 것인가?

'성공 파트너'를 한 명 선정하라.
서로에게 책임감을 부여할 주제와 연락 방법 및 시기를 정하라. 그
리고 대화를 통해 상대방에게서 제공받고자 하는 피드백이 무엇
인지 선택하라.

당신 삶에서 가장 개선이 필요한 영역 세 가지를 정하라.
영역별로 멘토를 한 명씩 찾아 그와 관계를 맺어라. 당신이 바라는
것을 이미 성취한 사람 중에 당신과 짧은 대화를 나눌 수 있는 사
람이나 자신의 아이디어를 책으로 남긴 전문가를 찾아라.

6장

성장을
가속화 시켜라

캘리포니아주 라 호야La Jolla에서 살 때, 나는 운동과 의지력 테스트를 겸해서 자전거를 타고 솔레다드산Mount Soledad까지 3킬로미터 거리를 정기적으로 달리곤 했다. 가파른 산을 향해 쉼 없이 자전거 페달을 밟는 일만큼 자발적으로 자신을 더 고통스럽게 할 수 있는 방법은 없을 것이다. 이렇게 힘겨운 운동을 하다 보면 한계에 부딪혀 진정한 내면의 자아와 대면하는 순간이 찾아온다. 자신에 대해 가졌던 지각과 생각이 갑자기 벗겨져 나가고 벌거벗은 진실만이 남는다. 마음은 이제 그만둬도 괜찮은 이유에 대한 온갖 변명거리를 만들어 내기 시작한다. 인생에서 가장 거대한 질문에 직면하는 순간에도 마찬가지다. '고통을 이겨

내고 계속할 것인가, 아니면 손을 털고 포기할 것인가?'

2018년 보스턴 마라톤에서 뛰던 데지레 린덴Desiree Linden은 경주를 중도에 포기해야 할지 심각하게 고민했다. 비가 오고 축축한 날씨였으며 최근 30년 사이 가장 기온이 낮은 날이었다. 그녀가 느끼기에 수분 섭취도 확실히 부족했으며 다리에 쥐가 날까 두렵기까지 했다.

데지레는 함께 뛰던 동료 셜레인 플래너건Shalane Falnagan에게 포기할 생각이라고 말했다. 만약 플래너건이 앞에서 바람을 막아 줄 사람이 필요한 상태라면, 자신이 그만둘 거라고 미리 알려 주는 게 좋겠다고 생각했기 때문이었다.

셜레인은 용변을 봐야겠다는 신호를 슬쩍 보냈다. 데지레는 함께 속도를 늦추고는 셜레인이 복귀했을 때 다시 선두그룹에 합류할 때까지 자신도 포기하지 않겠다고 약속했다.

차가운 날씨, 계속 퍼붓는 비, 맞바람 등의 악조건을 이겨내고 데지레는 셜레인이 다시 선두에 설 수 있도록 도왔다. 그때 비로소 그녀는 자신이 3~4위 위치에서 달리고 있음을 깨달았다. "이제 그만두면 안 되겠구나 싶었어요. 그래서 계속 달렸죠. 너무 힘들었지만 때로는 감정 따위는 잊고 약간만 더 몰두하면 모든 게 뒤바뀌는 순간이 오니까요." 경주가 끝난 뒤 인터뷰에서

아주 작은 변화의 힘

데지레는 이렇게 설명했다.

셜레인은 지칠대로 지쳐 버렸지만, 데지레는 계속해서 앞으로 내달렸다. 하지만 여전히 두바이와 휴스턴 마라톤 대회 우승자, 에티오피아 선수인 마미투 다스카Mamitu Daska를 뒤쫓아야 했다. 마미투는 이미 경주 중반부터 나머지 선두그룹과의 격차를 거의 30초에 해당하는 거리만큼 벌려두고 있었다.

이제 혼자가 된 데다가 뼛속까지 흠뻑 젖고 다리에 쥐가 올라오기 시작한 데지레는 시속 16킬로미터에 달하는 강풍을 뚫고 달렸다. 그러다 마침내 약 34킬로미터 지점에서부터 마미투를 추월했고 결국 2시간 39분 54초의 기록으로 결승선을 통과해 33년 만에 보스턴 마라톤 대회에서 우승한 미국인 여성이 되었다.

이번 장에서 나는 이러한 '승리의 순간'에 대해 이야기하려 한다. 컴파운드 이펙트가 어떻게 새롭고 더 큰 성공으로 당신의 상상보다도 더 빨리 당신을 이끌어주는지 설명하고자 한다. 준비하고, 연습하고, 공부하고, 필요한 노력을 꾸준히 기울인다면 머지않아 당신도 자신만의 '승리의 순간'을 맞이할 것이다. 그 순간에 당신은 자신의 현재와 미래를 정의하게 된다. 진정한 성장과 향상이 이뤄진다. 앞으로 더 전진하거나 혹은 후퇴하는 순간, 단상에 올라 메달을 움켜쥐거나 혹은 단상 아래에서 씁쓸하

게 타인의 승리를 축하해 주는 순간 말이다. 또한 당신의 행운에
도 컴파운드 이펙트를 일으켜 기대를 뛰어넘는 결과를 꾸준히
달성할 수 있는 방법에 대해서도 살펴볼 예정이다.

승리의 순간은 언제 찾아오는가

"힘든 게 당연하죠." 데지레 린덴은 보스턴 마라톤 우승 후 기자
회견에서 이렇게 말했다.

바로 전해에 그녀는 아예 마라톤을 거의 포기했던 상태였
다. "열정이 아예 남아 있지 않았어요"라고 데지레는 팟캐스트
'온리 어 게임Only a Game' 진행자에게 고백했다. 진이 다 빠져 버
렸고, 경주에서는 끔찍한 경험을 했으며, 성적이 추락해 자신이
정말 사랑하는 스포츠에 누가 될까 봐 두려웠다.

그래서 2017년 9월에는 아예 달리지 않았다. 그건 마치 한
달 동안 스테판 커리가 농구 코트를 밟지 않고, 메시가 축구공을
건드리지 않으며, 세리나 윌리엄스가 테니스 라켓을 한 번도 쥐
지 않는 것이나 마찬가지였다.

하지만 이후 데지레는 다시 달리기 시작했다. 처음에는 속
도를 좀 줄였으나 이내 달리기에 대한 감각을 되찾을 수 있었다.

"저는 경쟁 자체가 즐거워요. 그래서 결과에는 신경 쓰지 말고 그냥 대회에 나가서 경쟁자들을 물리치는 데만 집중하자고 마음먹었죠." 그리고 몇 달 뒤 데지레는 자신이 처음 나서는 메이저 대회인 보스턴 마라톤에서 우승을 거머쥐었다.

부동산 업계에서 일할 때 나는 하루에도 몇 번씩 난관에 봉착하곤 했다. 이미 판매 기한이 지난 매물을 향해 차를 몰고 가면서도 판촉 전화를 생략하고 얼른 사무실로 돌아가기 위해 댈 만한 온갖 핑계를 고민하기에 바빴다. 근처 지역을 조사하고 있으면 개들이 나를 향해 으르렁거리거나 비가 쏟아지기 시작했다. 내가 판촉 전화를 거는 시간은 대개 오후 5~9시였지만 저녁 식사나 TV 시청 중이라는 이유로 전화가 끊기기 일쑤였다. 그때마다 화장실에라도 들어가 숨고 싶다는 생각이 들었다. 하지만 나는 그만두지 않았다. 정신적, 감정적인 한계에 부딪힐 때마다 내 경쟁자들도 역시 같은 낙관에 직면한다는 사실을 스스로에게 상기시켰다. 벽에 부딪히고도 그만두지 않고 계속하는 그 순간에 경쟁자들을 앞서 나간다는 점을 알고 있었다. 성공과 성장의 본질적 의미가 밝혀지는 결정적 순간이라는 것을 말이다. 무리에 섞여 보조를 맞추며 같이 뛰는 건 어렵거나 고통스럽거나 힘들지 않았다. 한계에 부딪히는 건 중요하지 않다. 부딪힌

다음에 무엇을 하는지가 정말 중요하다.

유명한 미식축구 코치인 루 홀츠Lou Holtz는 최선을 다한 다음에 취하는 행동이 승리로 이끈다는 점을 잘 알고 있었다. 한번은 그의 팀이 42 대 0으로 크게 뒤진 상태에서 전반전을 끝냈다. 하프 타임 휴식 시간에 루는 블로킹, 태클, 볼 확보를 위해 두 번째 시도에 나서는 모습만을 모은 하이라이트 동영상을 선수들에게 보여 줬다. 그러고는 그들이 자기 팀의 선수인 이유는 모든 플레이에 최선을 다하기 때문이 아니라고 설명했다. 대신 플레이 하나하나에 결정적인 약간의 노력을 더할 수 있는 능력 때문에 이 팀의 일원인 거라고 말해 주었다. 최선을 다한 후 발휘되는 추가적 노력이 차이를 낳는다. 그의 팀은 후반전에 경기를 뒤집었다. 이것이 승리의 비결이다.

무하마드 알리는 모든 시대를 통틀어 가장 위대한 권투선수 중 한 명이다. 그건 빠른 속도와 민첩함 때문만이 아닌 그의 전략 덕분이었다. 1974년 10월 30일, 알리는 조지 포먼을 꺾고 헤비급 챔피언 타이틀을 되찾으며 복싱 역사상 가장 예상 밖의 승리를 거머쥐었다. 어느 누구도, 심지어 알리의 오랜 후원자였던 하워드 코셀Howard Cosell조차 전 챔피언이 승리할 가능성을 믿지 않았다. 알리는 이미 조 프레이저Joe Frazier와 켄 노턴Ken Norton

아주 작은 변화의 힘

에게 패한 적이 있었고, 조지 포먼은 그 둘을 2라운드가 끝나기 전에 쓰러뜨렸기 때문이었다. 알리의 전략은 무엇이었을까? 자기보다 젊은 챔피언의 약점, 지구력이 부족하다는 점을 이용하는 것이었다. 알리는 포먼을 한계까지 몰아붙일 수 있다면 유리한 고지를 점할 거라고 여겼다. 그래서 나온 전술이 '로프 어 도프Rope-a-Dope(로프에 기대어 상대가 펀치를 마구 날리게 해 제풀에 지치게 만드는 기술-옮긴이)'였다. 알리는 포먼이 7라운드까지 수백 번의 펀치를 날리는 동안 로프에 몸을 연신 기대며 안면을 방어하는 데 주력했다. 8라운드가 되자 포먼의 체력은 급격히 떨어져 한계에 봉착했다. 이를 감지한 알리는 집중 공격을 가해 포먼을 링 중앙에 쓰러뜨렸다.

데지레 린덴이 어떤 상황이었는지 기억나는가? 출발 전부터 기온이 너무 낮아 선수들에게 껴입은 옷 위에 달 번호표를 따로 나눠줘야 했을 정도였다. 시속 50킬로미터가 넘는 강풍이 불었다. 날씨가 좋지 않으니 선수들에게 힘이 돼 줄 수 있는 관중도 모이지 않았다. "즐기기에는 너무 조건이 좋지 않았죠." 데지레는 '온리 어 게임' 팟캐스트에 출연해 말했다. "비까지 쏟아지기 시작해서, 10분만 서 있으면 홀딱 젖어 버렸어요. 그런 상태로 몇 시간을 달려야 했죠."

하지만 데지레는 그 비와 바람을 뚫고서 엘리트 선수들 간의 경쟁에서 우승했다. 펜웨이 파크 같은 보스턴의 명물들을 따라 달린 끝에 자랑스럽게 결승선을 통과했다. 그 모든 어려움을 이겨낸 그날은 데지레의 승리 기념일로 남았다.

상황이 좋고, 일이 잘 풀리고, 별다른 방해나 유혹도 없고, 누구도 간섭하지 않을 때는 무엇도 당신의 진로를 가로막지 않는다. 단, 문제가 생기고 유혹이 커지면서 상황이 힘들어지면, 당신은 앞으로 계속 나아갈 수 있는 자신의 역량을 입증해 내야 한다. 짐 론은 이렇게 말했다. "상황이 더 편하길 기대하지 말고, 당신이 더 잘 해내길 빌어라."

규율, 루틴, 리듬, 꾸준함이 한계에 부딪힐 때, 그때가 바로 당신의 오래된 자아로부터 당신 자신을 분리해 내고, 그 벽을 넘어 보다 강력하고, 의기양양하며, 승리를 추구하는 자아를 찾아 나설 때라는 점을 상기하라.

기하급수적으로 성장하는 비결

당신에게 알려 주고픈 놀라운 기회가 있다. 앞에서 우리는 시간이 흐르면 단순한 규율과 행동이 컴파운드 이펙트로 인해 놀랄

아주 작은 변화의 힘

만큼 훌륭한 결과를 안겨줄 거라고 이야기했다. 만약 그 프로세스의 속도를 높이고 결과를 증폭시킬 수 있다면 어떻게 될까? 구미가 당기는가? 약간의 노력만 더 기울이면 당신의 성과를 기하급수적으로 증폭시킬 수 있는 방법을 알려 주겠다.

예를 들어 당신이 웨이트 트레이닝을 받는데, 특정 중량을 열두 번 들어야 한다고 치자. 즉 열두 번을 반복하면 이 프로그램에서 당신에게 요구하는 바가 충족되는 것이다. 이 프로그램을 꾸준히 계속하면 컴파운드 이펙트가 작용하여 강력한 결과를 목격하게 될 것이다. 그런데 열두 번 반복한 다음 한계치에 도달했다고 느껴지더라도, 그 이후 3~5회를 추가로 더 든다면, 그 효과는 몇 배 더 증폭될 것이다. 이 추가 횟수는 당신의 운동량에 산술적으로 합산되는 게 아니다. 최대치에 도달한 이후 추가되는 횟수는 당신의 결과물을 증폭시켜 준다. 그전까지의 운동은 당신을 딱 그 직전까지만 데려다줬을 뿐이다. 진정한 성장은 한계에 도달한 후 당신이 무엇을 하는지에 의해 이뤄진다.

아널드 슈워제네거는 '속임수 원리The Cheating Principle'라고 불리는 유명한 웨이트 트레이닝 기법을 고안했다. 그는 기술을 완벽히 구사하는 데 엄격한 사람이었다. 일단 완벽한 자세로 들어올릴 수 있는 최대 횟수까지 도달한 다음, 손목 위치를 조정하거나 상체를 뒤로 젖혀 다른 근육들이 활동 근육을 지탱하도록 만들면(즉 약간의 속임수를 쓰면), 5~6회를 더 반복할 수 있어서 운동 효과가 눈에 띄게 향상된다고 주장했다. 혼자서는 최종 몇 회를 추가할 수 없더라도, 파트너의 도움을 받으면 그 효과를 누릴 수 있다고 했다.

달리기를 할 때 이런 경험을 해 본 적 있을 것이다. 그날 설정한 목표 거리를 뛰고 나서 심장이 타들어 가는 듯하고 한계에 부딪힌 것 같은데도 좀 더 멀리, 좀 더 오래 뛰었던 경험 말이다. 이 '좀 더'가 당신의 한계를 엄청나게 확장시켜 준다. 마지막 한 번의 달리기가 당신의 결과를 증폭시켜 주는 것이다.

1장에서 우리는 매일 두 배씩 늘어나는 '1센트의 마법'에 대해 다루면서 작은 실천의 컴파운드 이펙트가 발휘하는 결과를 살펴본 바 있다. 1센트가 매일 두 배씩 늘어난다면, 31일째에는 1000만 달러가 넘는 돈을 손에 쥐게 된다. 그런데 만약 같은 31일 동안 일주일에 한 차례만 더 두 배씩 늘어난다면, 1000만 달러가 아니라 1억 7000만 달러가 넘는 돈을 받을 수 있다. 즉 4일의 추가적인 노력이 더해진다면, 몇 배나 더 큰 결과를 얻을 수 있다는 뜻이다. 이것이 정해놓은 것보다 단지 '좀 더' 실천했을 때 찾아오는 효과다.

당신 자신을 가장 까다로운 경쟁자로 여기는 건 결과를 증폭시키는 최고의 방법 중 하나다. 한계에 봉착했을 때 더 높이 뛰고 더 멀리 나아가라. 당신에 대한 타인들의 예상을 넘어서서 밀고 나가는 방법도 좋다. '그 정도면 충분해'를 눌러 버리는 것이다.

타인의 예상을 뛰어넘어라

오프라 윈프리는 타인의 기대를 가뿐히 뛰어넘어 크게 성취하기로 유명하다. 2004년 9월에 그녀가 자기 토크쇼의 열아홉 번째 시즌을 어떻게 시작했는지 알고 있는가? 오프라라면 화려한 팡파르와 함께 등장했으리라 기대하겠지만, 그녀는 모두의 예상을 완전히 박살내 버렸다. 그 시즌의 첫 회 오프닝은 그 후 오랫동안 인구에 회자될 정도였다.

과연 어땠길래 그랬을까? 그날의 방청객들은 새 차를 간절히 원하고 있다며 친구나 가족이 사연을 보내온 사람들 중에서 선정됐다. 오프라는 쇼의 시작과 동시에 열한 명의 사람을 호명해 무대 위로 불러냈다. 그런 다음 열한 명 모두에게 2005년형 폰티악 G6모델을 선물하겠다고 소리치자, 그들 전부가 기쁨의

탄성을 질렀다. 이보다 더 놀라운 상황은 그다음에 벌어졌다. 오프리가 모두의 기대를 완전히 뛰어넘어 버린 것이다. 그녀는 열두 번째 자동차가 준비돼 있다고 말한 후 나머지 방청객들 모두에게 선물 상자를 하나씩 나눠 주었다. 그리고 열두 번째 자동차 열쇠가 거기에 들어 있다고 하고는 누가 마지막 자동차의 주인이 될지, 모두 상자를 열어 보라고 외쳤다. 놀랍게도 모든 선물 상자에 열쇠가 들어 있었다. 그때 오프라는 소리쳤다. "모두에게 자동차를 드립니다! 여러분 모두에게 새 자동차를 드린다고요!"

이 유명한 일화 외에도 오프라는 그녀가 활동하는 거의 모든 영역에서 우리의 기대와 예상을 계속 뛰어넘어 왔다. 수년 동안 위탁 보호를 받으며 노숙자 쉼터를 전전하던 21살 여성에게 4년간 전액 장학금과 1만 달러어치 의류를 제공했던 적도 있었고, 여덟 명의 위탁 보호 아동이 있는 가족이 집에서 쫓겨날 위기에 처하자 주택 비용과 수리비로 13만 달러를 선물하기도 했다.

아마도 이렇게 말하는 사람이 있을 것이다. "오프라니까 그런 일을 할 수 있지." 하지만 재산이나 명예로만 보면 오프라와 같은 위치에 있는 사람들은 아주 많다. 그러나 충분한 능력이 있음에도 그들은 오프라처럼 비범한 일에 뛰어들지 않는다. 오프라는 실천한다. 이것이 바로 그녀를 오프라답게 만든다. 그녀에게서 우리가 배워야 할 교훈은 다음과 같다. 인생의 모든 영역에서 우리는 사람들의 기대보다도 더 많은 것을 이뤄 낼 수 있다.

아내에게 청혼할 때 나는 그녀의 아버지를 만나 '따님과 결혼하고 싶습니다'라며 누구나 예상 가능한 행동을 할 수도 있었다. 하지만 나는 존경하는 마음을 담아 그녀의 아버지에게 포르투갈어로 얘기해야겠다고 결심했다(아내의 동생에게 내가 하고 싶은 얘기를 포르투갈어로 번역해 달라고 부탁했다). 물론 장인어른도 영어를 구사하긴 했지만, 아주 능숙한 수준은 아니었다. 샌디에이고에서 로스앤젤레스로 오던 길 내내 계속해서 같은 말을 연습했다. 그리고 꽃을 들고 문 안으로 걸어 들어가 장인어른에게 거실로 나와달라고 청하고는, 포르투갈어로 외웠던 말을 그에게 전했다. 그리고 마침내 "좋아!"라는 답을 얻었다!

하지만 나는 거기서 멈추지 않았다. 집으로 돌아가면서, 그리고 그 후 며칠에 걸쳐 그녀의 다섯 오빠에게 일일이 전화를 걸어 우리의 결혼을 축복해 달라고 부탁했다. 몇몇은 쉽게 설득할 수 있었지만, 애를 먹이는 사람도 있었다. 아내가 나중에 내게 말하길, 내 청혼에서 가장 특별했던 점은 그녀의 아버지를 존중했다는 점, 그리고 오빠들 모두에게 전화를 걸었던 점이라고 했다. 덕분에 내 청혼은 매우 특별한 것이 되었고, 내 추가적 노력은 이렇게 기하급수적인 보상으로 되돌아왔다.

어떻게 해야 한계에 부딪혀도 기대보다 더 많은 것을 이뤄낼 수 있을까? 어떻게 해야 사람들의 '와우!'를 일으킬 수 있을까? 아주 큰 노력이 필요한 건 아니다. 단지 작은 노력을 추가하는 것만으로 당신의 결과가 몇 배나 증폭될 수 있다. 전화 걸기, 고객 응대, 팀의 성과 칭찬, 배우자를 향한 감사, 달리기, 벤치 프레스, 저녁 데이트, 자녀들과의 시간… 이런 일들을 할 때 남들의 기대를 뛰어넘고 결과를 가속화하기 위해 추가할 수 있는 작은 노력에는 무엇이 있을까?

예상 밖으로 행동해야 하는 이유

나는 안다. 내가 반골 기질을 지녔다는 것을. 모두가 그렇게 한다거나 그게 가장 대중적이라고 하면, 나는 보통 '그것'의 반대로 하는 사람이다. 모두가 사선으로 가면 나는 직선으로 갈 것이다. 대중적이라는 것은 내게는 평균적이라는 의미, 평범하다는 의미다. 평범한 것은 평범한 결과를 가져다준다. 가장 대중적인 맥도날드, 가장 대중적인 음료수는 코카콜라, 가장 대중적인 맥주는 버드와이저가 아닌가. 그런 대중적인 물건을 소비하면, 당신은 결국 평균적이고 평범한 사람에 머물 것이다. 평범함이 잘못은 아니지만, 나는 비범함을 추구하는 쪽을 택하고 싶다.

모두가 크리스마스 카드를 보낸다. 하지만 모두 하는 대로 따라 하면, 감동적인 효과를 기대할 수 없다는 게 내 생각이다. 그렇기에 나는 대신 추수감사절 카드를 보낸다. 살면서 추수감사절 카드를 받아 본 적이 있는가? 아마 없을 것이다. 그래서 이 추수감사절 카드는 상대방에게 지워지지 않는 기억을 남긴다. 대량 인쇄한 카드 대신, 나는 상대방이 내게 얼마나 의미 있는 사람이고 그 관계에 대해 얼마나 고마움을 느끼는지, 개인적 감정을 손으로 적는다. 크리스마스 카드를 쓸 때와 노력과 수고는 똑같지만 그 효과는 훨씬 더 크다.

리처드 브랜슨은 사람들이 전혀 예상치 못한 일들을 하면서 경력을 쌓았다. 그가 새로운 회사를 설립하고 홍보하는 방식을 나는 엄청나게 좋아한다. 새로운 시도에 나설 때마다 매번 그는 지난번보다 더 과감하고 더 아슬아슬하며 더 예상치 못한 모습을 보여 준다. 열기구를 타고 세계 일주에 나섰던 적도 있고, 버진 콜라의 미국 입성을 알리기 위해 뉴욕 맨해튼 한복판에서 탱크를 몰았던 적도 있다. 누구나 예상할 수 있는 보도 자료, 기자 간담회, 호화로운 파티로 끝낼 수도 있겠지만, 그는 누구나 충격을 받을 만한 놀라움을 추구한다. 아마 그가 제품을 출시하는 데 쓰는 비용은 다른 기업들과 별로 다르지 않을 것이다. 다만 비용을 더 들이는 게 아니라 남들이 예상치 못하는 방식으로 이벤트를 벌일 뿐이다. 그의 놀라운 방식은 사람들에게 잊혀지지 않는 기억으로 각인되어 노력의 효과를 증폭시킨다.

추가적인 노력을 기울이는 데 아주 많은 돈이나 에너지가 투입돼야 하는 건 아니다. 내가 부동산 중개업을 하던 시절, 다른 중개인들은 보통 판매 기한이 넘은 목록을 찾아 전화를 걸곤 했다. 하지만 나는 차를 타고 고객의 현관 앞에 도착해서 '매매 완료' 표지판을 직접 손에 쥐어 주었다. 집주인이 문을 열면 나는 그 표지판을 건네며 말했다. "이걸 받으세요. 이 매물을 제게 맡겨 주신다면 이게 곧 필요할 테니까요." 내 차의 주유비만으로 나는 그 즉시 매물을 잡을 가능성을 크게 높일 수 있었다.

최근 내 친구 알렉스는 꽤 괜찮은 구직 기회를 얻었다. 그는 캘리포니아에 살고 있지만 그 회사는 보스턴에 위치해 있었다. 그는 열두 명의 후보자 중 한 명이었다. 처음에는 각 지역에서 대면 인터뷰를 했지만, 최종 후보 열두 명은 화상 인터뷰로 2차 면접을 치르게 됐다. 알렉스는 내게 전화를 걸어 화상 인터뷰를 어떻게 준비해야 하는지 물었다.

아주 작은 변화의 힘

"어느 정도로 이 직장에 들어가고 싶어?" 나는 그에게 물었다.

"내 꿈의 직장이야." 알렉스가 답했다. "이곳을 위해 지난 45년을 준비해 온 것 같아."

"그러면 당장 비행기를 타고 가서 직접 만나보지 그래?"

"그럴 필요는 없어." 알렉스가 말했다. "화상 인터뷰로 최종 세 명을 추리고 난 다음, 마지막 면접을 위해 면접관들이 비행기를 타고 올 거래."

"이봐, 알렉스." 내가 말했다. "그 세 명 안에 들어가고 싶다면, 예상치 못한 행동으로 너 자신을 차별화해야 해. 당장 보스턴으로 날아가서 직접 대면하도록 해. 그게 너를 그들의 기억에 각인시키는 방법이야."

만약 내가 어떤 목표를 설정한다면, 나는 반드시 성공하기 위해 '올인'할 것이다. 이른바 '충격과 공포shock and awe' 작전이다. 나는 총력을 다해 가능한 모든 전선에서 가차 없는 공격을 가하라고 알렉스에게 조언했다.

"면접관들에 대해 조사해 봐. 그들과 자녀, 배우자의 취미와 관심사를 알아내. 그들이 좋아할 것 같은 책, 기사, 선물 등을 보내 봐. 너무 오버한다는 생각이 들어? 아니, 그게 핵심이야. 물론 그들은 자네가 환심을 사려 든다고 생각하겠지만, 한편으로는 그 용기와 창의력을 높이 평가할걸? 그들은 자네를 확실히 기억하게 될 테고 아마 자네를 존중하게 될 거야."

나는 계속 말을 이었다. "그 회사에 어떤 사람들이 있는지 조사해 봐. 자네 인맥을 총동원해서 그곳에 아는 사람이 혹시 있는지도 알아 봐. 자네를 연결시켜 줄 사람을 찾아본 다음, 그 사람에게 연락해서 자네를 추천해 줄 수 있을지 물어보라고. 전화, 이메일, 팩스, 문자 메시지, 소셜 미디어 등 동원 가능한 모든 수단으로 그 사람들과 연락을 취하는 거야. 너무 공격적이라고? 맞아, 물론 그렇지. 하지만 이렇게 생각해 봐. 면접관 다섯 명 중 한 명은 네가 너무 공격적이라고 싫어할 수도 있겠지. 하지만 나머지 네 명을 얻을 수 있잖아!"

그러나 알렉스는 내 조언을 따르지 않았고, 결국 인터뷰에서 떨어지고 말았다. 최종 3인 안에도 들지 못했다. 나는 그가 최종 합격자보다 훨씬 나은 인재라는 점을 보증할 수 있다. 그러나 알렉스는 깊은 인상을 남기는 데 실패했고, 꿈의 직장을 목전에서 놓치고 말았다.

또 내가 이사회 일원으로 있는 어떤 기업의 얘기다. 이 회사는 자기네들이 중요한 프로젝트를 실행하는 데 결정적 영향을 미치는 법안을 한 하원 의원이 지지해 주길 바랐다. 그러나 그

의원은 조금도 꿈쩍하지 않았다. 다른 이유 때문이 아니라, 공개적으로 그 법안을 찬성하는 사람들과 정치적 갈등을 빚고 있기 때문이었다. 그 의원을 직접 설득하려는 건 소용없다고 판단한 나는 그의 아내와 이야기를 해 보자고 제안했다. 우리는 인맥을 동원한 끝에 그의 아내와 친구인 사람을 한 명 찾아냈다. 그 사람은 예배에 참석하러 나온 의원의 아내에게 우리를 소개시켜 줬다. 우리는 방과 후 학교 시설을 빈곤 지역에 세워서 수백 명의 아동에게 도움을 주고 싶다는 계획을 설명했고, 그녀의 남편이 이 계획을 지지하도록 설득해 줄 수 있을지 물었다. 더 말할 필요도 없이, 그 하원 의원은 법안 지지에 동참해 주었고, 우리는 그 프로젝트를 진행할 수 있었다.

우리의 관심을 이리저리 뺏기기 쉽고 선전과 광고가 넘쳐 나는 세상에서 당신의 목소리가 전해지게 하려면, 예상치 못한 것을 실천해야 한다. 사람들의 관심을 얻어야 할 이유나 가치가 있는 일이라면, 어떻게든 예상 밖의 일을 행하라. 당신의 메뉴에 약간의 대담함을 첨가하라.

기대를 초월하라

사람들이 기대하는 수준, 예상하는 수준을 알아낸 다음, 그걸 초월하라. 아무리 사소한 것이라고 그렇게 하라. 아니, 사소한 것일수록 그렇게 하라. 예를 들어, 나는 행사에 초대받으면 그 행사의 복장 기준이 어떨지 가늠한 다음, 최소한 한 단계 이상의 기준을 적용한다. 확신이 없을 때는 언제나 짐작되는 수준보다 더 잘 차려입는 쪽을 선택한다. 사소한 듯 보이겠지만, 기대 이상을 행한다는 내 기준을 충족시키기 위한 하나의 방법이다.

대기업을 대상으로 기조연설을 할 때면 나는 준비에 상당히 많은 시간을 쓴다. 그 기업의 조직 구조, 제품, 시장뿐 아니라 내 연설에 대한 그들의 기대 수준 또한 조사한다. 내 목표는 언제나 그들의 기대를 크게 넘어서는 것이기 때문에 아무리 힘들어도 확실하게 준비하려고 노력한다. 남들의 기대보다 더 잘하면 당신의 평판이 크게 달라질 수 있다. '탁월하다'는 평판을 얻으면 시장에서의 가치가 몇 배 더 높아질 것이다.

나는 계약한 날짜보다 며칠 더 일찍 협력 업체에 대금을 지불한다는 철학을 지닌 CEO와 거래해 봤던 적이 있다. 그는 매월 27일에 그다음 달의 대금을 미리 지급했다. 내가 그 이유를 물으니 그는 분명한 태도로 나에게 대답했다. "어차피 지급할 돈인데요. 하지만 미리 지급함으로써 주는 놀라움과 즐거움은 가치를 따질 수가 없죠. 그렇지 않나요?"

그래서 나는 내 직원들에게 보너스를 줄 때 페덱스로 수표를 배달시켜 보낸다. 물론 정기 급여는 그들의 은행 계좌에 전자적으로 지급된다. 하지만 특별한 성과 기준을 달성했을 때는 보너스를 수표로 인출하여 직접 쓴 메시지와 함께 포장하여 집으로 배달시킨다. 그럼 가족 모두가 그 직원의 성과를 함께 축하할 수 있다. 위에서 언급한 CEO의 말마따나, 어차피 지급할 돈이지만, 이렇게 해서 주는 놀라움과 즐거움은 가치를 따질 수 없지 않겠는가?

고급 백화점 체인인 노드스트롬Nordstrom도 유사한 기준을 가진 것으로 유명하다. 고객 서비스에서 그들은 항상 기대 이상을 수행하려고 노력한다. 노드스트롬에서는 고객이 1년보다 더 오래전에 구입했던 제품이라도, 영수증 확인 없이, 때로는 다른 곳에서 구매한 제품까지도 환불해 준다! 왜 그렇게 할까? 그들은 기대를 초월하는 행동이 신뢰를 구축하고 고객 충성도를 창출한다고 믿기 때문이다. 그 결과, 누구도 범접하지 못할 평판을 구축했고 계속 관심을 끌고 있다. 다시 강조하건대, 증폭의 힘이 계속 성장하는 것이다!

　　나는 당신이 이 철학을 매일의 습관, 규율, 루틴 속에, 당신의 인생 속에 받아들일 것을 권한다. 기존의 노력에 약간의 시간, 에너지, 생각을 더하면 결과는 그냥 향상되는 데 그치지 않는다. 그 결과는 증폭된다. 아주 작은 추가를 통해 비범함이 완성된다. 당신 인생의 모든 영역에서, 좀 더 멀리 갈 수 있는 곳, 자신을 좀 더 밀어붙일 수 있는 곳, 좀 더 오래 버틸 수 있는 곳, 좀 더 잘 준비할 수 있는 곳, 좀 더 성과를 낼 수 있는 곳, 즉 증폭의 기회를 찾아보라. 당신이 기대보다 더 잘해 낼 수 있는 영역은 무엇인가? 전혀 예상치 못한 결과를 만들어 낼 수 있는 때는 언제인가? 그런 기회를 최대한 많이 찾아내라. 그러면 당신이 이뤄 내는 성취의 속도와 수준에 주변의 모두가, 그리고 누구보다 당신 자신이 놀랄 것이다.

실천 노트

✳

당신은 언제 승리의 순간을 마주하는가?
새로운 성장을 이루려면 자신을 언제 밀어붙여야 할지, 어디에서
타인 혹은 과거의 자신으로부터 차별화시킬 수 있을지 확인하라.

노력을 추가할 수 있는 삶의 영역 세 가지를 찾아라(예: 웨이트
트레이닝, 판촉 전화, 칭찬, 감사 표시 등).

남들의 예상을 깰 수 있는 삶의 영역 세 가지를 찾아라.
어디서 어떻게, '와우'의 순간을 만들 수 있겠는가?

기대를 초월할 수 있는 세 가지 방법을 찾아라.
대중적이고, 평범하고, 예상 가능한 것과 차별화할 수 있는 지점은
어디인가?

아주 작은 변화가 쌓이면
인생은 반드시 달라진다

실천 없는 배움은 아무 쓸모가 없다. 나는 이 책을 내가 재미있자고 쓴 게 아니다(그러기엔 너무 힘든 일이다!). 나 자신에게 동기를 불어넣으려는 목적도 아니다. 실천 없는 동기는 자기기만을 낳는다. 서두에서 언급했듯이, 컴파운드 이펙트와 그 결과는 진실이다. 성공이 언젠가 당신을 찾아올 거라는 막연한 기대나 바람은 다시는 품지 마라. 컴파운드 이펙트는 하나의 도구이며, 꾸준하고 긍정적인 실천과 결합되어야만 당신의 삶에 진정으로 의미 있고 지속되는 변화가 발생할 것이다. 이 책의 철학이 인도하는 대로 따르라. 그 아이디어와 전략을 충분히 체득하여 진실하고 실질적이고 측정 가능한 결과물을 창출해 내라. 사소하고 무해한 듯 보이는 나쁜 습관이 당신의 삶에 야금야금 파고들 때마다 이 책을 꺼내 들어라. 꾸준함이라는 마차에서 굴러떨어질 때도 이 책을 펼쳐라. 동기에 다시 불을 붙이고 '와이-파워'를 강화하고자 할 때마다 역시 이 책을 읽어라. 이 책을 읽을 때마다 당신의 삶에 '빅 모'가 찾아올 것이다.

나 자신의 동기에 관해 이야기해 보겠다. 내 삶의 핵심 가치는 '의미'다. 내 꿈은 다른 사람들의 인생을 긍정적인 방향으로, 예전과는 다르게 만들어 주는 것이다. 나는 당신이 자신의 목표를 성취하길 바란다. 삶을 바꿀 만한 결과를 얻고 스스로를 입증하기 바란다. 그런 다음 내게 그 경험을 알려 줬으면 좋겠다. 공항에서 나를 만나면 곧 아는체하기 바란다. 이 책에서 얻은 아이디어 덕분에 놀라운 결과가 현실화됐다는 얘기를 들으면 너무 기쁠 것이다. 그때 비로소 내 목표를 달성했으며 내 삶의 핵심 가치대로 살고 있다는 것을 알 수 있을 것이다.

당신이 그런 결과를 얻으려면 새롭게 얻은 통찰과 지식을 즉시 실천해야 한다. 실천하지 않는 아이디어는 쓰레기와 같다. 나는 그렇게 되길 원치 않는다. 이제 당신의 신념에 따라 실천할 시간이다. 당신은 이제 힘을 얻었고, 그 힘을 놓치지 않길 나는 기대한다.

당신이 어디에서 몇 살에 이 책을 만나고 있든지, 다음과 같은 질문들을 당신에게 던지고 싶다.

"5년 전의 삶을 되돌아보라. 지금 당신은 5년 후에 어떤 모습일 거라고 생각하는가? 깨뜨리기로 마음 먹은 나쁜 버릇들을 없애 버렸을까? 원하는 몸매를 얻었을까? 여유 있는 수입, 남들이 부러워할 만한 라이프 스타일과 자유를 누리고 있을까? 활기와 건강, 돈독한 부부 관계, 바라던 능력을 그 5년 뒤 당신은 가지고 있을까?"

이 질문에 대한 답이 만약 '아니오'라면, 그 이유는 뭘까? 간단하다. 당신의 선택 때문이다. 그렇다면, 이제 새로운 선택을 할 시간이다. 앞으로의 5년이란 시간 동안은 과거 지나온 5년이 반복되지 않도록 만들겠다고 선택하라. 당신 인생에서 변화를 선택하라. 영원히, 그리고 확고하게.

앞으로 다가올 5년이란 시간은 과거의 5년과는 다른 환상적인 경험으로 만들어라! 이제 눈가리개를 벗을 때다. 성공을 얻는 데 무엇이 필요한지, 그 진실을 당신은 이미 알고 있다. 핑계는 이제 금물이다. 유행하는 사기술에 당하거나 임시방편의 유혹에 더는 빠지지 않을 것이다. 자신을 원하는 방향으로 이끌어 줄, 단순하지만 심오한 규율에 집중할 것이다. 성공은 절대 하루

아주 작은 변화의 힘

아침에 이뤄지지 않는다는 걸 당신은 너무나 잘 안다. 순간순간의 긍정적인 선택에 집중하면 컴파운드 이펙트가 당신 자신과 친구, 가족, 경쟁자를 모두 놀라게 만들 정도로 당신을 높이 쏘아 올려 줄 것이다.

'와이-파워'에 충실하고 새로운 행동과 습관을 꾸준히 유지하면, 모멘텀은 당신이 재빨리 앞서 나가도록 만들어 줄 것이다. 여기에 꾸준하고 긍정적인 실천이 계속 더해진다면, 다음 5년이 과거의 반복에 머물기란 불가능할 것이다. 컴파운드 이펙트가 당신에게 유리하게 발휘되도록 만들면, 지금으로선 상상조차 할 수 없는 성공을 경험하게 될 것이다.

당신에게 전달하고픈 귀중한 성공 원칙이 하나 더 있다. 인생에서 무엇을 원하든지, 다른 사람들을 돕는 데 에너지를 집중하는 것이 당신의 바람을 이뤄 내는 가장 좋은 방법이라는 점이다. 나는 다른 사람들이 자신감을 높이고 싶을 때 도울 수 있는 방법을 찾아본다. 희망적이고 긍정적이며 영감이 가득한 감정을 느끼고 싶을 때는 누군가의 일상에 그런 감정을 불어넣으려고 노력한다. 더 많은 성공을 이루고 싶다면, 가장 빠른 방법은 누군가가 성공을 거머쥐도록 돕기 시작하는 것이다.

다른 이를 돕고 당신의 시간과 에너지를 기꺼이 나눔으로

써 발생하는 물결 효과를 통해, 당신이 베푸는 자선의 최대 수혜자는 바로 당신이 된다. 삶의 궤도를 개선하기 위한 작은 실천을 통해, 나는 당신이 이런 철학을 실천해 보길 바란다. 이 책에서 가치를 발견했다면, 어떤 식으로든 이 책이 당신에게 도움이 됐다면, 당신이 아끼고 더 크게 성공하기를 바라는 다섯 명에게 이 책을 선물하라. 그들은 당신의 친척, 친구, 팀원, 거래처 직원, 혹은 동네 가게의 사장일 수도 있고, 최근에 만났지만 자신의 인생에 뚜렷한 족적을 만들고 싶은 누군가일 수도 있다.

누구 좋으라고 책을 더 사라고 하냐고? 그렇다. 나는 내 성공을 증명하고 싶다. 내 목표는 최대한 많은 사람의 인생을 변화시키는 것이다. 하지만 그러려면 당신의 도움이 필요하다. 당신에게 약속하겠다. 이를 통해 궁극적으로 가장 큰 혜택을 받는 사람은 바로 당신이라는 점을. 누군가가 더 큰 성공을 이루기 위한 아이디어를 발견하는 데 도움을 주는 것. 이것은 당신 자신의 삶에서 성공의 아이디어를 연습해 보는 첫 단계이기도 하다. 동시에 타인의 삶을 눈에 띄게 달라지도록 할 수도 있다. 이 책이 누군가의 삶을 영원히 바꿔 놓을 수 있다. 그리고 그들에게 이 책을 전해야 할 사람은 바로 당신일지 모른다. 당신이 없다면, 그들은 그 기회를 영영 놓칠 수도 있는 것이다.

이제 이 책을 선물하고 싶은 다섯 명의 이름을 아래에 적어
보라.

1) _____

2) _____

3) _____

4) _____

5) _____

귀한 시간을 내어 이 책을 읽어 준 데 고마움을 전한다. 당
신의 성공 스토리를 꼭 읽게 되길 기대하겠다.

당신의 성공을 위해!
대런 하디

감사의 말

*
*

과거 피땀을 흘리며 나를 지원해 줬던 석세스 미디어와《석세스》의 직원들에게 감사를 표한다. 그리고 그간 함께 해 온 수많은 자기계발 전문가, 그리고 내가 인터뷰했던 수많은 리더에게도 감사를 전한다. 이들 덕분에 독자들과 다양한 아이디어와 통찰력, 전략을 나눌 수 있었다.

뛰어난 재능과 열정을 지닌 내 직원들도 고맙다. 그들의 강인한 인성과 끈기, 지칠 줄 모르는 투지 덕분에 우리는 매년 16억 명에게 좋은 영향력을 끼치고 있다.

마지막으로, 내게는 가장 소중하고 아름다우며 멋진 아내 조지아가 있다. 내가 주말도 없이 밤낮으로 집필하느라 보낸 시간을 그녀가 희생해 준 덕분에 이 책이 완성될 수 있었다.

아주 작은 변화의 힘